国际教育信息化典型案例

2021—2022

International Cases of Educational
Informatization Application

吴　砥　吴龙凯◎编著

科学出版社
北京

内 容 简 介

以教育信息化示范、引领和全面推动教育现代化，促进教育高质量发展，是坚定推动教育数字化战略行动，从教育大国迈向教育强国，实现高水平自立自强宏伟蓝图的重要条件。

从整体上看，我国基础教育信息化基本进入应用期，正向融合期迈进。基于创新驱动的现实需求，本书面向全世界不同发展水平国家和地区，收集和整理了国际上影响范围较大、实施效果较好的12个教育信息化优秀实践案例，涵盖教育教学模式创新、学习环境和资源建设、师生数字素养提升等领域，以了解相关技术在教育中的应用瓶颈和应用趋势，洞察今后教育信息化的发展方向，进而提升新技术在教育教学中的使用策略。

本书可供教育技术学相关研究者，区县级以上教育信息化主管领导、学校校长参阅。

图书在版编目（CIP）数据

国际教育信息化典型案例. 2021-2022 / 吴砥，吴龙凯编著. —北京：科学出版社，2023.3
ISBN 978-7-03-075117-1

Ⅰ. ①国… Ⅱ. ①吴…②吴… Ⅲ. ①国际教育–信息化–案例–2021-2022 Ⅳ. ①G51-39

中国国家版本馆 CIP 数据核字（2023）第 041254 号

责任编辑：付 艳 / 责任校对：王晓茜
责任印制：李 彤 / 整体设计：有道文化

科 学 出 版 社 出版
北京东黄城根北街 16 号
邮政编码：100717
http://www.sciencep.com

北京建宏印刷有限公司 印刷
科学出版社发行 各地新华书店经销
*

2023 年 3 月第 一 版　开本：720×1000　1/16
2023 年 3 月第一次印刷　印张：12
字数：176 000
定价：99.00 元
（如有印装质量问题，我社负责调换）

目录 / Content

第 1 章 | 总述   1

第 2 章 | 教育教学模式创新案例   9

案例 2.1   印度普拉瑟姆混合学习计划   11

印度普拉瑟姆混合学习计划是一种完全以学生为中心的学习方式，学习资源的选择、学习计划的制订、学习进度的安排甚至学习效果的评定都是由学生自主进行的。该计划致力于通过补充学校教育来提高印度教育的整体质量。

案例 2.2   非洲 Kabakoo 学院   27

Kabakoo 学院通过线上线下混合式培训，教授非洲年轻人掌握在当地就业所需的技能，培养他们的创新意识。其将本土文化、企业合作同教学深度融合的培养模式，被非洲联盟、联合国教科文组织和世界经济论坛等誉为全球教育领域的重大创新。

案例 2.3　秘鲁 Innova 学校教育设计服务　39

Innova 学校是基于设计思维、用户体验设计方法、服务设计理论在教育发展与商业领域应用的经典案例。借由设计公司的协助，学校通过培养自主性学生、多功能教学楼、互联网全力支持教师发展、整合商业模式来导入其教学服务设计，创造了秘鲁教育的全新样貌。

案例 2.4　英国终身技能开发共享框架　49

英国的技能建设者伙伴项目认为，教育和职业培训应包含对个体应知应会的基本技能的培训。该项目致力于使用尖端的技术和先进的创新理念，以全新、严格的方法，为处于人生不同阶段的个体培养基本技能。

案例 2.5　加拿大知识社会项目　63

本案例展示知识社会项目为实现教育 4.0 作出的探索。该项目旨在使青少年通过基于项目的对技术的学习、应用和扩展，培养其创造性，并能够使用所学的技能解决现实世界中的科技前沿问题。

第 3 章　学习环境和资源建设案例　75

案例 3.1　西班牙国际教育与资源网络　77

西班牙国际教育与资源网络是一个具有包容性和多元性的非营利性组织，为来自世界各地的学习者提供了不同的交流合作项目，使得全球的教师和学生能够接触到更加多样化的学习资源，为全球教育发展贡献力量。

案例 3.2　美国高中科学系列教材配套网络学习平台　97

本案例展示了 2016 年出版的美国格伦科高中科学系列教材配套的网络学习平台。老师通过平台对学生进行个性化的引导，让学生通过查看录制的授课视频、互动的电子版教材及其他资源进行有序的学习。该平台是学生随时随地的学习伙伴。

案例 3.3　Blackboard 数字化教学平台　107

作为全球最大的网络教育解决方案和服务提供商，美国 Blackboard 技术公司开发的数字化教学平台，被广泛认为是业内领先的课程主导型管理系统。该平台支持教师和学生进行各种课程方面的交流。全球著名的高等院校中有 70%以上在使用该平台。

案例 3.4　美国匹兹堡大学开放实验室　121

美国匹兹堡大学的开放实验室，为整个社区的学生与教职工提供多样的新兴技术与设备资源支持，帮助他们开展创客教育活动，促进学生在实践中进行学习，从而有助于学生多方面能力的发展。

第 4 章　师生数字素养提升案例　133

案例 4.1　欧盟学生群体数字素养与技能项目　135

欧盟数字技能加速器项目结合了与欧盟数字能力框架一致的自我评估工具和被称为"基本数字技能工具包"的数字技能开放培训课程，为全面提升欧洲地区学生数字素养和技能提供了成功的经验和优秀的案例。

案例 4.2　科克大学数字教育培训项目　　　157

科克大学数字教育中心于 2020 年 6 月推出"数字之家",这是一系列针对科克大学教师的响应式数字教育培训项目。该项目旨在提高教师的教学实践能力,夯实教师的数字化技能,增强学生的学习体验,助力教师和学生为未来做好充分的准备。

案例 4.3　英国计算机课程学习计划　　　169

英国教育部将计算机课程确定为学生的必修科目,并从 2013 年开始相关课程改革,旨在提升学生的信息素养、数字素养,以此帮助学生应对信息化、数字化时代的多种机遇与挑战。

第1章

总述

《国际教育信息化典型案例（2013—2014）》《国际教育信息化典型案例（2014—2015）》《国际教育信息化典型案例（2015—2016）》《国际教育信息化典型案例（2016—2017）》累计遴选了80个具有国际影响力的教育信息化案例，涵盖发达国家和地区、发展中国家和地区及欠发达国家和地区，涉及新兴技术应用、信息技术与课程整合、教育资源共享、教师培训、在线学习社区、在线教育等多个教育信息化领域的重大专题。之所以要遴选、介绍优秀的国际教育信息化案例，是为我国教育信息化的推进提供理论参考和实践范例。

基于已出版的系列案例集，本书沿用了之前的案例分析框架（表1），主要从案例基本信息、案例概述、案例实施与推进、案例特点与创新、案例经验与启示五个方面对典型案例进行阐释，并给出了案例材料的主要来源（故具体案例中，对来自"相关网址"的数据和资料，不再一一标注脚注文献）。

表 1　国际教育信息化典型案例分析框架

项目	描述
案例基本信息	案例基本资料，包括案例的名称、实施地区、实施时间、主要实施者和实施对象等
案例概述	社会经济背景、驱动政策和前期基础
案例实施与推进	实施背景、实施方案、实施效果等
案例特点与创新	案例的特点和创新之处
案例经验与启示	案例的经验与启示等
相关网址	案例材料的主要来源

为了尽可能展现国际教育信息化的全貌，往年的案例一般是国内和国外典型案例的混合，本书遴选的案例则全部是世界不同发展水平国家和地区的优秀教育信息化实践案例。也即，本书遴选的案例偏重近年来国际上影响范围较大、实施效果较好的优秀案例，从客观角度反映案例的推进过程和实践模式。信息技术的快速迭代促进信息技术在教育中运用的更新，造就了一批具有鲜明时代特点的案例，例如终身技能开发共享框架、开放实验室、混合学习等。把握新技术在教育教学中的运用，有助于我们洞察今后教育信息化的发展方向，了解相关技术在教学中的应用瓶颈，进而提升新技术的使用策略。

《中国教育现代化 2035 规划》《新一代人工智能发展规划》《高等学校人工智能创新行动计划》《教育信息化 2.0 行动计划》等一系列政策文件的出台和推进，明确了我国未来几年教育信息化发展的方向和任务。党的二十大开启了深入推进教育数字化，建设教育强国、科技强国和人才强国的历史新征程。以教育信息化示范、引领和全面推动教育现代化，促进教育高质量发展，是坚定推动教育数字化战略行动，从教育大国迈向教育强国，实现高水平自立自强宏伟蓝图的重要条件。教育信息化要深刻把握新时代新征程对教育提出的新使命新任务，突出改革，激发教育发展活力和动力，加快推进教育数字化，不断推动教育变革和创新。基于创新驱动的现实需求，本书面向全世界收集和整理优秀案例，关注时下的新技术和新趋势。例如，美国的高中科学系列教材配套的网络学习平台，为师生提供了一个全新的数字化教与学环境，促进师生深入且高效的互动，提高教学效率，实现数字化学习（案例3.2）；非洲Kabakoo学院通过教授非洲年轻人掌握在当地环境中就业所需的创新技能，帮助学生寻求就业机会，从而缓解非洲青年的失业问题（案例2.2）。

　　本书关注教育信息计划应用领域进行的课题研究、创新活动、发展趋势和典型尝试，汇总信息技术与教育教学有效融合的实践，涉及各级各类教育教学、教研和管理。本书遴选的案例主要集中在教育教学模式创新（5个案例）、学习资源和环境建设（4个案例）、师生数字素养提升（3个案例）三个方面（图1）。

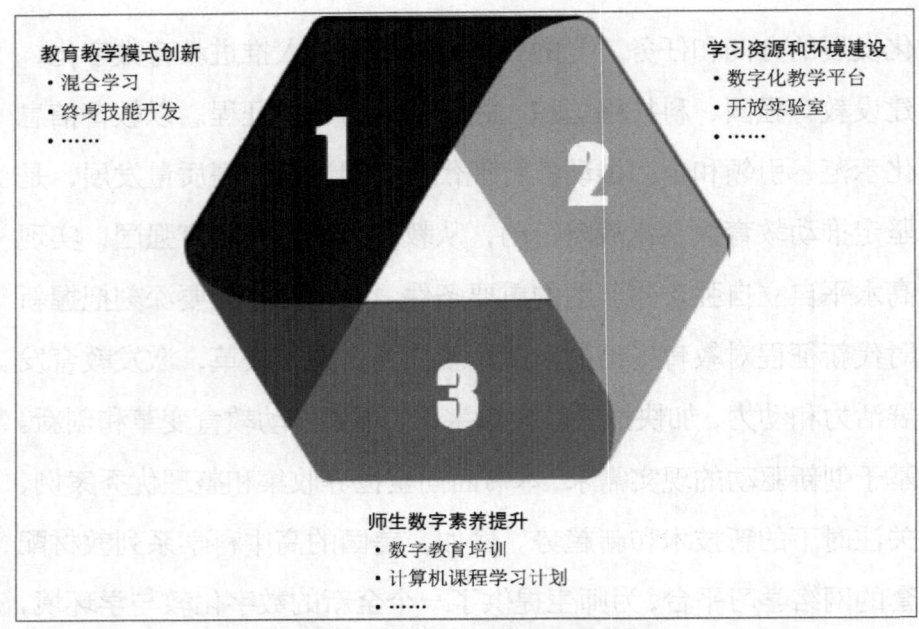

图 1　国际教育信息化典型案例分类

基于互联网的探究式、讨论式、参与式、协作式、混合式、沉浸式教学模式能够激发学生的创新思维和协作探究能力，提供以学生为中心的个性化教学服务。教学内容及其呈现方式的革新能够为教学模式的创新提供基础，针对学生的学习禀赋、兴趣爱好和发展潜能，提供多样化的学习内容和学习形式。第二章的相关子主题包括混合学习、结合当地环境的创新技能培养、教育设计服务、终身技能开发、知识社会项目等。

教学环境的创设是实现教与学变革的基础，而且，为学生提供更加便利、舒适、有效的学习环境是未来教育发展的重要方向。

未来的教学环境必然是基于互联网的数字化教学环境。信息技术使教育空间拓展为物理空间、资源空间和社区空间。三空间的无缝衔接支持教育教学全过程，使线上线下学习一体化。第三章重点介绍了虚拟空间教学环境、平台的建设实例，相关子主题包括国际教育与资源网络、网络学习平台、数字化教学平台、开放实验室等。

在数字技术迅猛发展、数字经济不断攀升、数字公民对生存需求越来越高的现实情景下，教育工作必须与时俱进，进行数字化转型。提升师生数字素养是教育数字化转型的必要环节，以适应未来数字发展趋势与新型教育服务业态，使数字时代的知识、技能与思维观念融入学与教，形成教学创新成果，培养数字化高层次人才。第四章相关子主题包括学生群体数字素养与技能项目、数字教育培训、国家计算机课程学习计划等。

最后，需要说明的是，从方便读者理解的角度，本书在译介材料时，对于学科领域内广泛使用的一些软件、机构、项目等的名称未予翻译，已有广泛使用的中文名称的则直接给出了中译名。

第 2 章

教育教学模式创新案例

第 2 章　教育教学模式创新案例

案例 2.1　印度普拉瑟姆混合学习计划

案例名称	印度普拉瑟姆混合学习计划 （Pratham's Hybrid Learning Programme）
实施地区	印度
实施时间	2015 年至今
主要实施者	非政府组织普拉瑟姆
实施对象	印度约 1000 个村庄的 10—14 岁儿童
相关网址	https://www.pratham.org/programs/education/

一、案例基本信息

本案例展示了印度普拉瑟姆混合学习计划，它致力于通过补充学校教育来提高印度教育的整体质量。学习者在混合学习计划中充分利用学习资源和设备，进行完全自主的学习，自定学习进度。

二、案例概述

普拉瑟姆是印度为优化教育在1995年创立的组织，它是印度最大的非政府组织之一，旨在授权地方社区支持以学生为中心的学习，并通过与正规学校学习形成补充来提高印度教育的整体质量。"Pratham"在梵文中的意思是"第一"，这代表着它是第一个在印度教育领域得到较好实施效果的组织。2015年，普拉瑟姆启动了一项数字计划——普拉瑟姆混合学习计划，采用社区驱动的方法，服务于印度1000个村庄的9万名10—14岁儿童。普拉瑟姆混合学习计划让村庄中10—14岁年龄组的儿童自由组队，每个小组五六人，为儿童营造良好的学习氛围，并提供数字设备和学习内容，为儿童提供自学的机会和选择。浅言之，普拉瑟姆混合学习计划就是促进以社区为基础的儿童团体参与基于选择的学习，并由社区志愿者指导，由此展开学习活动。

作为印度最大的非政府组织之一，普拉瑟姆专注于高质量、低成本和可复制的教育策略，以缩小教育系统中的差距。普拉瑟姆混合学习计划直接面向儿童和青少年，并通过与政府系统的大规模合作，每年覆盖数百万人的生活。普拉瑟姆混合学习计划"在正确的水平上教学"的方法已被证明对参与儿童的学习成果有影响，现在正在向境外推广。

三、案例实施与推进

（一）实施背景

印度的教育历史悠久，早在《吠陀经》形成的年代（约公元前5000—公元前4000年）就开始了，几千年来经历了许多变化。但总的来说，古代和中世纪的印度教育主要以宗教教育为主。19

世纪中叶到 20 世纪中叶，印度沦为英国殖民地，教育体制以英国教育制度为样板，当时英国教育被称为"现代"教育。最后，印度于 1947 年获得独立，以英国为蓝本创建了自己的教育体系。

经过 70 余年的政治独立，印度仍然被其教育系统存在的严重问题所困扰。印度从小学到大学的现代教育经常受到批评，因其鼓励死记硬背，而不是鼓励理解力、批判性思维和解决问题。不幸的是，即使是非常低龄的小学生，他们的大部分时间都在记忆一系列不相干的概念。教科书上的知识、僵化的想法和考试分数优先于公开辩论和逻辑推理，留给创造力蓬勃发展的空间很小，而创造力才是促进儿童发展的关键因素。此外，人们越来越关注学生的学习成绩、教师培训、课程质量、学习成绩评估和学校管理的有效性。面对这些问题，许多儿童甚至在完成五年的小学教育之前就辍学了。小学教育对儿童的全面发展和对其未来职业的重要性不言而喻，但印度众多的小村庄极度缺乏高质量的初等教育，而这些村庄容纳了 70% 以上的印度农村人口。这样的教育现状有可能造成更大的不平等，这一点从印度城乡差距在进一步扩大可以看出。

在印度，小学教育尤其重要，因为它可能是孩子们接受的唯一教育。因此，混合学习计划需要从低年级开始，以便惠及来自更广泛的社会群体和经济阶层的大多数人。目前，印度有两种类型的学校：公立学校和私立学校（如私人信托、社团或公司管理的学校)。私立学校可以是由政府援助的,也可以是没有援助的。公立学校遵循各邦政府规定的教学大纲(课程),而私立学校则遵循各种组织的教学大纲。大多数小型私立学校遵循国家或中央的教学大纲,因为它们迎合了社会中低层的需求,而国际学校则迎合了上层社会的需求。研究表明,与政府学校相比,私立学校在提供教育质量和学习成果方面更加有效,因为它们对家长负责,而且必须经受严格的竞争。因此,上私立学校的儿童比例正在逐年增加。虽然印度的贫困率总体上一直在下降,但不同种姓、宗教和民族的贫困率并不均等,最贫困的人从减贫工作中受益最少。对私立学校日益增长的需求吸引了大大小小的投资者在印度各地开办小型国际学校。

为了减少这些不平等现象,印度在2009年颁布了《教育权利法》。该法案规定全国每个儿童都有接受令人满意的、公平的全日制小学教育的权利。"年度教育状况报告"可用来衡量教育质量。该调查由普拉瑟姆这个大型非政府组织负责监督,自2006年以来一直在印度进行,体现了整个印度低年级儿童的学习成果。

(二)实施模块

1. 幼儿教育

普拉瑟姆混合学习计划中幼儿教育的重点是保障3—8岁年

龄段儿童的全面发展及其上学的准备情况。这项工作是在家庭、学校教师和社区志愿者的支持下完成的，主要关注儿童的四大发展领域：身体发育，即发展运动技能，以确保其健康成长；社会情感发展，即学习适应新环境、在小组中工作、个人互动和人际交往等的能力；认知发展，即培养基本的问题解决能力，以及掌握颜色、形状、符号等知识，这些知识对数学预科至关重要；语言发展，即发展基本词汇，提高个人或小组自信地表达想法的能力。

普拉瑟姆混合学习计划中幼儿教育的一些显著影响要素是：当地资源、低成本材料、定期评估及母亲角色。该计划要求老师是当地社区成员，对当地情况有深刻的了解，这有助于其有效地与孩子及其父母互动。教学内容是基于孩子所处的周围环境进行设计的。活动以不同的规模（大团体、小团体和个人）在儿童的学习中开展，并辅以情境化的纸质和游戏材料，如抽认卡、故事书、故事卡、图片卡、珠子、黏土和当地日常使用的物品。同时，教师要通过简单的活动和观察，定期对儿童进行评估，故评估指标要易于观察、衡量和交流。定期评估的结果有助于教师追踪儿童的发展情况，并定期反馈给家长。在这个过程中，母亲会通过定期会议、在社区建立母亲小组等方式来参与到孩子的学习中，主要承担游戏角色扮演、材料的制作和分发等工作。

2. 初等教育

6—14岁年龄组的印度儿童中，超过95%都已入学。虽然这些孩子大多已有数年学龄，但许多人还不具备继续学习所必需的基本技能。当下的挑战在于如何使这些孩子能够快速而持久地获得基本的阅读和算术能力，以便他们真正能够有质量地完成初级阶段的教育。20多年来，普拉瑟姆混合学习计划的倡议已经跨越了从1年级到8年级的整个学段，但大部分工作都是针对小学学龄儿童的，主要集中于确保儿童学会流利阅读和快速算术。普拉瑟姆混合学习计划认为每个孩子都必须有机会学习；要学习，必须有动力并真正参与进来，故为了孩子的茁壮成长，不仅需要学校的支持，还需要家庭和社区的支持。

普拉瑟姆混合学习计划对初等教育的教育干预有两个主要组成部分：实际的教学方法和实施模式（即教学创新如何触及儿童）。普拉瑟姆混合学习计划的这种教学方法被称为CAMaL，代表最大化学习的综合活动。例如，大声朗读、参与关于他们所读或听过的内容的讨论、使用拼音表的活动、玩各种文字游戏、口头和书面表达自己的观点，都是学习阅读过程的一部分。参与对象涉及大团体、小团体与儿童个体。总体而言，CAMaL便于大规模发展。许多普拉瑟姆混合学习计划的教师都来自当地社区，教学过程中使用的材料成本低廉，包括评估在内的教学方法易于操作，因此可以广泛使用。计划中除了学校的教学活动外，还有父母或家人可以在家中与孩子一起进行的活动。

3. 超越初级教育

印度的《教育权利法》保障所有 8 年级以下的儿童免费接受义务教育。然而，由于各种原因（如距离、费用、机会、社会经济限制和文化障碍），许多学生，特别是农村地区的女孩更易辍学或中断学业。这些人，特别是没有完成小学或中学教育的年轻人，重新进入教育系统和获得进一步学习机会的难度是巨大的。虽然印度有开放的学校教育机会，但学生缺乏足够的意识、动力和支持，常常无法利用开放式学校教育接受继续教育。

普拉瑟姆混合学习计划中的"第二次机会计划"侧重于为辍学学生，特别是为女性提供第二次受教育的机会。"第二次机会计划"旨在支持那些没有完成中学教育的人，帮助他们完成 10 年级的基础课程，并获得促进教育成长、提升就业机会的学习证书。"第二次机会计划"使用创新的教学方法，可以为就近的学生提供可负担得起的学习机会。目前，普拉瑟姆混合学习计划在安得拉邦、比哈尔邦、恰蒂斯加尔邦、古吉拉特邦、马哈拉施特拉邦、中央邦、奥里萨邦、拉贾斯坦邦和特伦甘纳邦设有第二次机会中心。

"第二次机会计划"支持学生参加 10 年级的考试。该计划分两个阶段。第一阶段称为基础课程。学生首次注册该计划时，首先要完成基础课程，作为中学课程的预科。基础课程持续 3—4 个月，主要是弥补基础知识，使学生有能力应对 10 年级的教学大纲中涵盖的英语、数学、语言（国家特定）、科学或家庭科学和生活技能等科目的要求。在基础课程开始时和结束时分别进行测试，以跟踪、评估学生的学习水平及其在课程中的进步。基础课程结束后，学生将转到主课程，并在互动环境中学习，包括通过小组学习和同伴学习活动进行讨论、辩论和演讲。课程中还包括职业课程，涵盖健康和卫生、儿童保育、发展和营养、数字学习等模块，以促进个人发展，提高学习者的就业能力。

（三）实施方案

普拉瑟姆混合学习计划认为，教育孩子不仅需要技术支持，还需要集社区之合力创设学习的条件和氛围。该计划的设计前提是孩子们有动力自学。孩子们在平板电脑上学习，做项目或进行活动（如角色扮演、玩游戏），然后在父母等现场观众面前或在视频中展示他们所学到的知识。基于此，普拉瑟姆混合学习计划确定了实施学习计划的三大支柱：社会结构，数字基础设施，教学学习方法。在社会结构方面，普拉瑟姆混合学习计划与社区合作，为儿童创设合适的学习环境。这是通过与社区的不同利益相关者进行交流，提高其对社区教育情景的认识，并明确社区对学习干预措施的所有权来实现的。在数字基础设施方面，该项目的技术方面涉及为社区提供对不同数字设备的访问，以加强开放式学习空间的创建。这样做是为了激励志愿者为儿童团体提供便利，同时确保他们自己的教育和学习的继续。在教学学习方法方面，普拉瑟姆混合学习计划致力于为学习者提供引人入胜和有趣的内容。它适用于三个学习领域，即为学校、工作和生活做准备。该计划专注于创建情境化内容，将视频和游戏策划成有趣的"课程"，让学习成为一种选择驱动的过程。目前的教学方法正在引入基于任务的游戏，以培养学习者的计算思维。

在小学年龄范围内，普拉瑟姆混合学习计划最出名的是帮助10—14岁的儿童"迎头赶上"的大规模举措。这种现在被称为"在正确的水平上教学"（Teaching at the Right Level，TaRL）的教学策略使儿童能够在短时间内以相对较低的成本获得阅读和算术技能。无论年龄或年级如何，教学都从孩子的现有水平开始，这就是"在正确的水平上教学"的意思。TaRL法最初设计时的重点是培养孩子的基本阅读、理解、表达自己的能力及算术技能，这些都是孩子学习的基础。研究表明，这些能力一经获得就能维持、发展下去。总体而言，TaRL法是一种低成本的有效策略，可以帮助儿童在短时间内"赶上"。七八岁以上或已经上过几年学的孩子可以很快"学会"。

实施过程中有五点需要注意的地方：①在课程开始时，明确阐明要实现的目标。②使用简单的评估对儿童进行分组，以便进行指导。每个采样的孩子都会分配到一组基本的阅读和算术任务。在该计划的后期，类似的评估用于跟踪儿童的进度并进行课程校正。③即使儿童可能就读于 3—5 年级，儿童也按级别而不是按年级分组。随着能力的提高，孩子们可以进入更高级别的小组。④普拉瑟姆混合学习计划的方法依靠一系列日常活动来实现最大化学习。⑤为该计划开发适当但低成本的教学材料，每个小组都有材料来支持活动。这种教学策略可以在任何地方使用，比如在学校或社区中。然而，大多数时候，普拉瑟姆混合学习计划活动是在学校（政府学校）中进行的。

为了行之有效，TaRL 法需要嵌入到一个更大的生态系统中，其要素是一致的，以支持和确保所有儿童的学习。TaRL 法和传统教学法的主要区别见表 1。

现在，TaRL 法以两种方式实施：直接由普拉瑟姆教师通过"学习营"进行教学；作为日常学习情境进行教学。在"学习营"模式中，普拉瑟姆教师每天运行"学习营"，30—50 天的教学（3—5 个营地，每个营地 10 天），每天约 3 小时。而在日常学习模式中，学校教师在每学年的较长时间（4—6 个月）内使用这种方法，每天有 1—2 个小时的专用时间。而在这个过程中，普拉瑟姆教师不同于传统意义上的教师，他们只是充当管理者的角色，保证孩子能够有效地参与到学习计划中。

表1 TaRL法和传统教学法的比较

项目	传统教学法	TaRL法
目标	完成年级水平的教科书	目标是确保所有人的基本技能（基本阅读和算术目标）
培训与指导	顾问作为培训员	通过"边做边学"创造"实践的领导者"。培训教师进行现场监测和指导
分组	全班教学	儿童按级别分组，而不是按年级分组以进行教学
教学与活动	利用粉笔和谈话实现教科书驱动	根据孩子的特点来设计教学活动。包含大团体、小团体和个人的活动
评估与测量	纸笔年级测试在阶段开始时和结束时完成	在开始时用于分组的简单快速一对一口头评估。类似的评估定期用于跟踪进度

（四）实施效果

试点项目实施一段时间后，研究者进行了实施效果方面的比较，研究对象是参与普拉瑟姆混合学习计划的139名儿童和99名未参与学习计划的儿童。通过对比发现，参与组在科学、英语和印度语评估中进步最大，在学校课程中的表现也好于未参与混合学习计划的儿童。[1]

从近年的整体发展来看，混合学习计划的1000个社区被列为实施新想法和试验新资源的"示范点"。该计划的不断发展激发了学习者的学习兴趣，使学习者能够基于自己的兴趣选择"课程"。

---

[1] 唐科莉. 关键词之五 个性化、自主学习[J]. 上海教育, 2020(20): 39-40.

它还通过让利益相关者参与进来，并创建一批村级促进者或"教练"来支持社区的学习生态系统，从而赋予社区权力。2020—2021年，普拉瑟姆混合学习计划在各州和中央直辖区举办了 22 场大型活动，在 14 个当地政府设立了相关机构，有超过 50 万家长和义工参与活动，120 万儿童完成普拉瑟姆混合学习计划要求的学习计划。

四、案例特点与创新

在教学上，该计划完全利用儿童的自然好奇心进行教学。教学过程中没有教师，教学活动完全由学生主导，志愿者充当的只是监督者和促进者的角色。在此基础上通过在线应用程序提供学习资源，向学习者提供基础设施。

在学习上，学生主要通过小组协作进行学习。学生会自己选择感兴趣的项目，由 5—6 名学生组成学习小组，并基于小组进行学习，最终向观众展示所学。其中可供选择的学习领域包括健康、艺术、财商和创业精神。

在扶持机制上，普拉瑟姆混合学习计划完全由基金会和企业捐助者［包括谷歌、沃达丰基金会和迪拜关怀（Dubai Cares）］支持，以便能够以每名儿童每年约 3 美元的低成本提高学习效果。普拉瑟姆混合学习计划还开发了定制化的应用程序，包括游戏、测验、阅读材料、评估工具和为儿童家庭和志愿者提供的其他资源，还与其他非政府组织合作将学习资源译为印度的 11 门地方语言。

五、案例经验与启示

普拉瑟姆混合学习计划是一种完全以学生为中心的学习方式，这非常符合中国目前"以学生为中心"的教育目标。在整个学习过程中，没有教师的参与，完全利用孩子天生的好奇心和求知欲来确保整个过程完全由学生主导，其中志愿者只是充当监督者和促进者的角色。学习资源的选择、学习计划的制订、学习进度的安排甚至学习效果的评定都是由学生自主进行的，这种完全由学生自定步调的学习可以引起学生学习的质变，能够让学生更好地感悟知识、理解知识，学生的学习会更加深刻。同时在这期间，有些刚进入这种学习模式的学生可能不太适应，也有些本身自制力不太强的学生，需要有人来对其进行引导。在这种情况下，志愿者可以进行监督和督促，保证其学习的不间断性，也培养学生坚持学习的习惯。这种教育模式非常值得借鉴，中国的安吉游戏（Anji Play）与这种教育模式有共通之处，也是一场以儿童主导学习的革命，充分发挥学生学习的自主性。

同时，普拉瑟姆混合学习计划项目授权地方社区创设一个物理学习环境，支持以学生为中心的学习，学生自主参与到由学生主导的各种活动中。这样的学习环境是集中整个社区的人力、物力和财力共同创设的。这种合力培养的模式可以让学生学习到更多的知识，同时也减轻了工作人员在各方面的压力，对我国目前的教学设计领域有重要的借鉴意义。

第 2 章 教育教学模式创新案例

案例 2.2 / 非洲 Kabakoo 学院

案例名称	Kabakoo 学院：将创新技能直接应用于当地环境
实施地区	马里和西非法语区
实施时间	2018 年至今
主要实施者	Kabakoo 学院
实施对象	非洲失业或不在学青年
相关网址	https://www.kabakoo.africa/

一、案例基本信息

Kabakoo 学院通过教授非洲年轻人掌握在当地就业所需的创新性技能，培养学生的创新意识，帮助学生寻得就业机会，从而缓解非洲青年失业压力。

二、案例概述

据世界银行的数据统计，2019 年非洲近 60% 的失业人口是青年[①]。每年由非洲正规部门提供的就业岗位大约只有 300 万个，而每年有超过 1000 万的非洲年轻人进入非洲的劳动力市场，超过

[①] Schools of the Future: Defining New Models of Education for the Fourth Industrial Revolution. 2020-01-14. https://www.weforum.org/reports/schools-of-the-future-defining-new-models-of-education-for-the-fourth-industrial-revolution.

第 2 章　教育教学模式创新案例

70%的非洲年轻人因无法获得正式职业，从而选择从事非正规、非体面的工作。造成这一现象的主要原因除了岗位的供不应求以外还与非洲大多数年轻人无法获得与从事职业相关的技能、难以承担高昂的学费有关。因此，Kabakoo 学院设想通过建立一个"泛非"的学校网络，打造可持续的教学模式、教学产品，通过结合本土文化的教学模式，向非洲青年教授在当地就业（重点是中小型制造业）所需的创新技能，以推进解决这一挑战。Kabakoo 学院试点于 2018 年在巴马科启动，此后扩展到三个校区。截至 2021 年，该项目已在快速原型、机器人、网络设计和生物技术等前沿领域培训了近 500 名中学、高中和大学学生，同时 Kabakoo 学院希望将这一模式推广到其他非洲城市。

Kabakoo 学院通过一种人人负担得起的方式将非洲的年轻人与面向未来的学习机会联系起来，无论学习者经济条件、家庭环境、出身背景如何，他们均可在此获得学习机会。他们采用"高质量、多样性"的方法，将高科技和本土知识相结合，聘请当地专家和全球专业人士作为 Kabakoo 学习者的导师，采用线上线下结合的方式指导学习者学习，使当地年轻人在获取本地化创新技能的同时，通过项目式训练的方法解决现实生活中的问题，在数字化和分布式小型制造业领域寻得自我创造价值和就业机会。此外，Kabakoo 面向学生的学习由数据驱动，可以自定进度，运用 Kabakoo 数字教学应用程序，学习者可进行自我评估、学会反思，确保学习者在掌握技术技能的同时，提高主动学习的意识。

三、案例实施与推进

（一）实施背景

在非洲，为数不多的受教育机会为城市精英阶层而准备，就业机会也是如此。非洲教育带来的失业问题对于边缘化人口的影响尤为严重。受政治、经济、文化等多重因素影响，非城市青年、受教育程度较低的青年及妇女受教育机会更少，获得的教育质量也更低。据统计，非洲50%的高中生在毕业后会面临着失学，66%的非洲青年从事着与自身不匹配的工作，这不仅是对人才潜力和才能的浪费，也是造成大规模移民、人才流失的原因。此外，非洲也是最容易受到气候变化影响的大陆（10个最易受气候变化影响的国家中，有7个在非洲）。这些问题反映出非洲教育对于可持续化、可延续性的学习产品的需求。而Kabakoo学院成立的目的便在于赋予学习者管理蓬勃发展的社区和生态系统的技能，应对非洲气候变化，解决就业问题；将最先进的技术与当地和本土知识融合起来，通过将学习与当地环境联系起来，以打造世界上首个以可持续发展为重点的教育科技（educational technology）项目，使非洲的年轻人有能力去应对第四次工业革命带来的挑战。

（二）实施方案

Kabakoo 学院特意建在低收入社区，以此使贫困地区的学习者享有高质量学习的机会。为实现最大限度地招生，除了基础的读、写能力外，加入 Kabokoo 学院没有任何教育先决条件。Kabakoo 学院允许学生选择是否签订收入分享协议，同意学习者"先学后付"，在找到工作或拥有自己的事业后再支付学费。学院的扶持机构通过与当地企业密切合作，为生产企业解决问题并培养需要的人才，为学生提供更多的就业机会。在师资方面，除聘请当地有学识的专家外，Kabakoo 学院还依赖中国、美国和德国等地的师资，组建了专业的项目组远程教练和导师团，线上线下相结合进行授课。

Kabakoo 学院的课程侧重于培养学生的就业能力，注重课程内容在当地环境中的即时适用性。它们采取的方法之一是帮助学生快速开发适合市场的原型，基于可持续发展的视角解决当地生产中的实际问题。学生可以自由选择最感兴趣的项目，然后参与课程和小组项目，为项目问题制定创新性的解决方案。在实际项目中，每个项目都分配了一名"教练"，成员在教练指导和同伴协作中完成学习目标。

例如，第一个小组学生负责开发西非第一个与环境空气污染作斗争的公民平台，并设计和制造了一种低成本的空气质量监测工具。他们通过使用 3D 打印来开发原型，利用自己的编程技能来控制设备。监测器收集的数据可直接加载到在线平台，以便社区成员检查城市各个地区的空气质量。同时，第二个小组负责设计小规模分类回收废物的工具，第三个小组负责设计自动化灌溉农田的解决方案。通过这种分组分工合作的方式完成学习项目，达到学习目的。

  Kabakoo 学院还设计了自己的在线教学平台，通过平台能够跟踪学习者的学习进度，培养学生探索周围的世界、了解自己、有效沟通、创建工作、团队合作、分享成果、进行反思等的七种习惯（图 1）。每个习惯在平台上有 20 个维度和 64 个子维度，学生通过在线平台可以学习、运用、分享习得的技能。每位 Kabakoo 的学习者都拥有自己的学习经历，学习者的课程也是在终身学习的框架内设计的，确保在 Kabakoo 毕业后，学习者会树立起终身学习的理念，不会停止学习。

  最后，Kabakoo 学院通过与企业合作，让学员生产实际的产品，以达到学习目的。在 Kabakoo，基于项目的协作体验是学习过程的基石。学习者选择他们想要应对的企业项目，通过向教练学习，并与同伴一起完成项目。这种体验式、协作式的方法，充分激发每个人的激情，使参与者走出自己的思维围墙，最终不仅

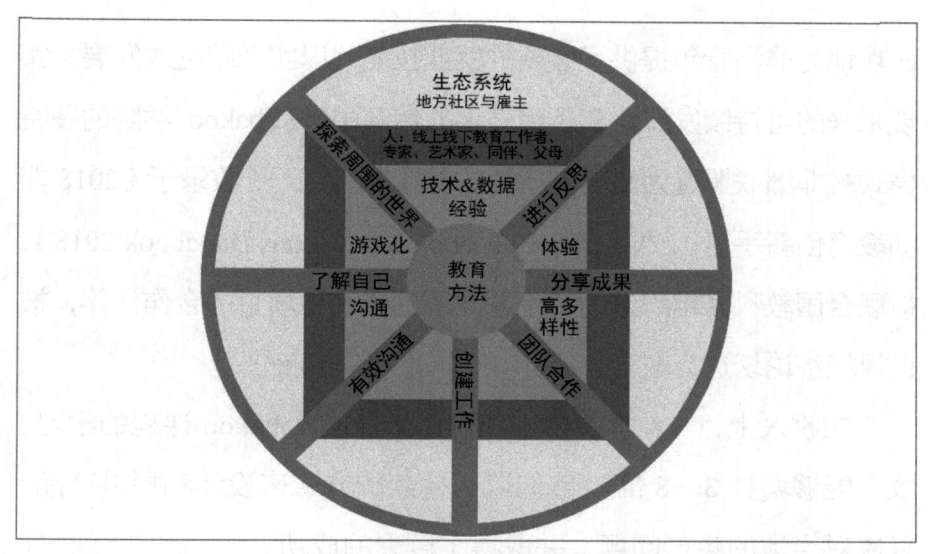

图 1　Kabakoo 学院在线教学平台的教育方法

改善了项目成果，还达到了个人学习目标，提高了个人的能力。例如，在某个项目中，通过回收塑料废物进行 3D 打印尝试，同时与巴马科的传统金属车间合作，三名学员设计并 3D 打印出了低成本人工呼吸器所需的所有部件，旨在帮助解决萨赫勒地区这种基本医疗设备的短缺问题。

（三）实施效果

Kabakoo 学院正在通过融合高科技和本土知识来建立第一个以可持续发展为重点的教育科技项目，以提供变革性的体验。Kabakoo 学院高度多元化的技术教育模式促进了本地化创新，并成功地为非洲青年提供了必要的就业技能，以实现跨越式发展，实现未来的可持续发展。在不到三年的运营中，Kabakoo 学院的独特模式被非洲联盟选为最具创新性的教育项目之一（收录于《2018 非洲教育创新手册》，即 Africa Education Innovations Handbook 2018），被联合国教科文组织选为"想象非洲的未来"项目的合作伙伴，被世界经济论坛选为教育 4.0 "未来学校"的全球先驱。

在收入上，与入学前相比，学习者通过 Kabakoo 课程的学习，收入能够增加 3—8 倍[①]。他们以可持续的方式来设计和提供产品，以应对当地的生产问题，并取得了巨大的成功。

在技能上，Kabakoo 学院将未来素养和多元化知识嵌入到课程中，为蓬勃发展的社区和第四次工业革命点燃了可持续终身学习的火种。2020 年，对学习者的调查显示，学习者成长心态的发生率增加了 105%，自信心增长发生率达 47%；90% 的学习者认为通过在 Kabakoo 学院学习，他们的个人和专业状况有所改善。

四、案例特点与创新

在 Kabakoo 学习大致分为两个阶段：第一个阶段是引起学生

---

① Kabakoo Academies: Catalyzing localized innovation. https://azuritfoundation.org/case-studies/kabakoo/.

的好奇心；第二个阶段是实现从好奇心到创造力的转变。这两个阶段是一个循环的过程。在这个循环当中，好奇心可以激发创造性的思维和行动，而创造性思维和行动又可以促使好奇心不断产生。为保证循环过程的产生，Kabakoo 提出了四个独具创意的教学观点。

第一，采用项目合作式学习。与传统的项目式学习不同的是，Kabakoo 选择的是现实生产实际当中的案例。在现实的项目中，学习者有更大的发挥空间，他们可以选择想要应对的项目，充分发挥自身特长，在完成项目的同时完成个人的学习目标。此外，学习者除了需要负责自己的项目以外，有时还需充当教练，协助其他成员完成项目；通过项目，将知识纳入项目中，并从中吸收新的知识。自 2018 年 5 月 Kabakoo 推出项目合作式学习以来，很多项目得以顺利开展，如"Africa, Breathe"项目打造了西非第一个测量空气质量的公民平台，并催生了艺术工作坊、物质回收、有机废物转化为沼气等项目。

第二，注重培养审美敏感性。Kabakoo 注重培养与提高学习者的审美意识，鼓励学习者反思、发现周围的美。他们认为正确的仪态、正确的举止、正确的语言、正确的旋律及正确的场合在所有的社会活动中都很重要，这也强调了艺术和审美意识在 Kabakoo 教学中的重要地位。为了激发学生的审美思维，学习者可以合作进行艺术项目。例如，一群学习者在 Kabakoo 学习了用马里帝国时期（13世纪）以来在巴马南文化中使用的古代象形文字进行空间装饰。该项目由一位当地画家指导，他向学习者解释了各种表意文字的起源和意义，然后指导他们使用模板来装饰房屋，还教授了纺织品的绘画技巧。通过这种方式，学习者对美的意义进行了集体反思，大家合作装饰墙壁、完成项目，同时个人收获了不同表意文字的内在知识和意义，更好地了解了自己的社会文化环境。

第三，强调自然与人类共生。Kabakoo 注重引导学习者认识自然与人类之间的共生关系。意图让学生认识到人类与环境之间的相互依存关系，以及面临的多种生态挑战。Kabakoo 将环保项目（如空气质量监测改善项目和废物回收利用项目）的研发学习视作恢复人与自然共生的重要手段，同时也已经在研究对环境危害较小的相关能源开发项目。

第四，运用包容性的方法。这种包容性首先体现在学习者和 Kabakoo 员工身上。Kabakoo 学院中 22%的学习者没有完成高中学业，30%的学习者是女性，40%的导师是女性。其次，Kabakoo 项目研讨向所有人开放，在没有文凭等先决条件的情况下培训来自不同教育背景的年轻人，无论其先前的学习水平或任何其他可能的歧视性因素如何，唯一的条件是学习者对学习是否感兴趣。最后，其教育的包容性方法蕴含了对美学的反思，以及对自然与人类之间共生关系的学习。

五、案例经验与启示

Kabakoo 学院独特的教育模式被非洲联盟、联合国教科文组织和世界经济论坛等机构誉为全球教育领域的重大创新。其教育模式对于我国的职业教育及高等教育同样具有多方面的借鉴意义。

教育要注重与本土文化相结合。Kabakoo 学院创立的初衷在于帮助非洲失业、失学青年解决就业问题，其课程的重心在于培养学生的就业能力，尤其注重结合本土文化知识，确保学习者掌握的技能在当地的即时适用性。这种培养理念与我国的职业教育相类似，不同的是我国职业教育多是学生在学校里、课堂中学习技能，学生缺少学习兴趣、实践经验，缺乏创新意识、创造思维，而 Kabakoo 学院将本土文化、企业合作同教学深度融合的培养模式，不仅实现了教育目标，也为其带来了经济效益，对于我国职业教育的发展具有一定的参考价值。

创新教学方法，采用混合式学习方法。与传统的以教师讲授为主的教学模式不同，Kabakoo 学院采取的是线上线下结合的混合式学习。线上是由来自全世界各个地方的专家、学者组成的专业教师团队，为学习者展开专业指导培训，线下则将不同文化背景的学习者组织在一起开展协作学习、体验式学习。混合式学习将传统教学方式的优势与网络教学的优势充分结合，既发挥教师引导、启发、监控教学过程的主导作用，又充分体现学生作为学习过程主体的主动性、积极性与创造性。混合式学习打破了不同国家、不同学校之间的知识壁垒，为教育发展相对落后的国家及地区带来机会，它以学生为教学活动的中心，发挥教师的引导作用，极大地提升了教育质量，这对我国现行的教育理念、模式、方法同样具有深远的意义。

　　促进学习者个性化学习。Kabakoo 学院拥有自己的在线教学平台，通过该平台可以记录、跟踪学习者的学习状态，从而达到培养学习者探索周围世界、了解自己、有效沟通、创建工作、团队合作、分享成果、进行反思的七种习惯。学习者可根据自身的需求选取所需的课程，按照自身的学习进程进行学习。对于我国的借鉴意义在于：教师需要根据学习者的实际情况，最大限度地发挥自己的作用，在教学中充当引导者和教练，授予学生知识与技能，促进学习者个性的发展。培养学生的"跳跃式"技能，使学生树立终身学习的理念。所谓"跳跃式"技能是指教育实施者设计具有先进性、创造性的教学课程，结合本土文化，让学习者协作解决与当地生活、环境相关的实际项目，以使其具备能够融入且适应未来社会的技能。

案例 2.3　秘鲁 Innova 学校教育设计服务

案例名称	秘鲁 Innova 学校教育设计服务
实施地区	秘鲁
实施时间	2011 年
主要实施者	卡洛斯·罗德里格斯-帕斯托、秘鲁 Innova 学校教师
实施对象	秘鲁 Innova 学校学生
相关网址	https://www.innovaschools.edu.pe/

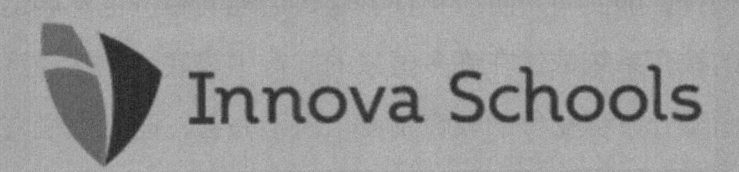

一、案例基本信息

该案例主要是解决秘鲁在国际学生评估项目中测试成绩垫底的问题。该模式侧重于以学生为中心的混合学习，学生借助技术进行独立学习，教师推动基于项目的小组学习。借由 IDEO 设计公司的协助，Innova 学校以通过培养学生自主性、创建多功能教学楼、互联网全力支持教师发展、整合商业模式来导入其教学服务设计，创造了秘鲁教育的全新样貌。

二、案例概述

在秘鲁，即便中产阶级正在崛起，当地的经济也发展迅速，但秘鲁的教育系统依然在许多国家的排行中垫底。虽然经济水平已经逐渐攀升，但秘鲁的教育制度依旧不完善，同时也没有充足的优良教师及可供教师们交流互动的环境。因应大环境的问题，创办人卡洛斯·罗德里格斯-帕斯托（Carlos Rodriguez-Pastor）在 IDEO 设计公司的协助下建校，该公司为 Innova 学校的整个基础教育提供设计服务。

三、案例实施与推进

（一）实施背景

在秘鲁，中产阶级迅速崛起，他们渴望自己的孩子能够获得更好的教育。这些中产阶级家长很多小时候并没有受过多好的教育，深知好的教育对孩子非常重要。但问题是，如果选择那些教育质量相对上乘的私立学校，就意味着要花费自己收入的 30%—50%[1]，这笔开销对中产阶级而言显然太高。

作为全球顶尖的创新设计公司，IDEO 决定接受从头打造秘鲁低价优质乡村学校这一振奋人心的挑战。他们设计的私立学校就是 Innova 学校。IDEO 要为 Innova 学校的整个 K-12 阶段的学习体验和策略提供设计服务，让秘鲁的青少年们以经济实惠的价钱就可以获得世界级水准的教育。

---

[1] 专访 IDEO 合伙人：用设计思维打造秘鲁最创新的私立学校. 2018-01-26. https://www.jiemodui.com/N/88751.html.

（二）实施方案

1. 教学法的设计

全新的 Innova 学校采用一种"自主学习"和"小组学习"的混合学习模式，将教师主导、以项目为基础的小组学习和自我主导、以数字平台为基础的自学结合起来。老师通过观察学生的网上学习表现，提供基于数据的个性化指导。家长也可以在网上了解孩子的学习进展。

不仅如此，孩子们每年还有两周的时间放下一切学习任务，共同去分析一个社会问题，并尝试提出解决方案。从 3 年级到 11 年级的孩子们解决的是同样的问题，最终不同年级都要展示他们的方案，其相互间的比较也很有趣。其实，这项教学任务和我们开展的综合实践活动课程相似，但他们的确保证了孩子有充足的时间去研究，而且设计的活动主题是解决社区里真实存在的问题，这让学习这件事不仅变得好玩而且有意义起来。

2. 校园的设计

活泼多样的学习环境要求校园设计必须包含灵活性。Innova 学校的社区空间、多媒体工作室、屋顶学习空间、圆形剧场及咖啡店都为增加灵活性做了优化设计，这些场所都安装了滑轮家具、可拆卸墙面，通过充分利用空间来满足不同教学模式的需要。

Innova 学校的这种独特设计正契合了它独特的混合学习的模式。在"小组学习"中 1 个教师带 30 个学生，在"自主学习"中 1 个教师可以带 60 个学生，就是因为在教室里设计了一面可移动的推拉门，这样教师这个稀缺资源一下子就得以解决，学校的运营成本也下降了。

在秘鲁好多学校中，一个老师带两个以上的平行班是很普遍的事情，如果有这样的教室，就可以让一位带 3 年级 1 班和 3 年级 2 班的英语老师，在自主学习的环节同时指导两个班的学生，既能实现小班额授课，又能辅导大班额的自主学习。

除了教室内有趣且实用的设计，校园内各个角落的打造也独具匠心。楼层之间挂置的彩旗上有学校的育人目标，这样醒目的提醒不让老师和孩子们铭记心中都难。彩旗的颜色就是学校标识的主题色蓝、绿、橙。此外，教室桌椅、楼道墙面、教室墙面、学生校服等，全学校的主色调都是蓝、绿、橙三个颜色。

Innova 学校空间设计小而精致，不规则的教学楼设计高效地利用了土地。校园里随处有坐下学习的场地，让学生们"上课不一定进教室"，在户外一样可以进行。

3. 支持系统的设计

在秘鲁这样缺乏优质教师的国家，Innova 学校为内部教师提供了一个网上教师资源中心，中心包括一个数据库，里面存有 1.8 万多个基于最新教学方法而设计的自定义课程方案。网上教师资源中心能够帮助教师改进教学方法、提升教学能力，并提供了供教师交流互动的平台。Innova 学校的整个支持系统的设计正是当下最流行的"互联网＋教育"落地实施的很好的案例，能够真正在一个平台上解决新教师的入职培训、骨干教师的提高培训，老师们依托形成的线上社群能够对教案、教学反思进行相互点评、讨论。系统的平台设计将教师的"教"、学生的"学"、家长的"看"，连接在了一起。

（三）实施效果

到 2015 年 2 月，Innova 学校已成为秘鲁最大的私营教育系统，拥有 29 所学校，约 2 万名学生、1200 名教师，并且还在不断扩张中。学校为学生提供优质教育，每月收费约 130 美元。

在秘鲁教育部举办的一项针对全国公立和私立学校 2 年级学生的数学和沟通能力测试中，Innova 学校 2013 年的数学成绩是全国平均水平的三倍，沟通能力成绩是全国平均水平的两倍。这个乡村学校的系统设计综合方案已成为整个拉丁美洲最具活力的私营教育项目。并且，Innova 学校被评为"40 大最具颠覆性创新"项目之一[1]。

---

[1] 秘鲁 Innova Schools：低廉价格创造全世界最好的平民学校. 2017-03-09. https://www.toutiao.com/article/6395484825876169217/.

通过新的角色定位和一套重新明确的价值观，如今 Innova 学校中央办公室的运作方式已经变得更加灵活和富有创意。这套新系统所提倡的以人为本的理念，能帮助 Innova 内化设计思维，让持续创新成为这个不断扩展的学校系统的一个日常基因。

四、案例特点与创新

第一，Innova 学校的上课方式有别于传统的老师讲、学生听。自主性比较高的学生可以选择"自主学习"和"小组学习"两种不同的学习方式。课程由老师主导，然后将小组的学习以及学生的自我管理，用以网络平台为基础的学习体验结合起来。老师可以观察学生在线上的表现，提供具有个性化、针对性的指导方案。同时，家长也可以通过在线方式了解自己孩子的学习状况。

第二，基于智慧校园设计呈现的动态学习环境，让教学充满弹性。在 Innova 学校里，有社区空间、媒体实验室、顶楼读书空间、圆形剧场甚至咖啡厅。这些场域中都设计有轮轴滚动的家具、可移动的墙面，可以充分利用空间来配合不同的教学场域的需要。

第三，互联网全力支持教师发展，给当地老师配置强有力的资料交流系统。秘鲁国内普遍缺乏优良教师，所以 Innova 与 IDEO 也提供了网上教师资源中心，提供 1.8 万多个以最新教学方法设计的自定义课程方案。这个中心同时也能帮助老师精进其教学技能，同时还能跟线上的其他老师们互动、交流。

第四，整合商业模式。虽然 Innova 学校的学费标准主张要让学生付得起，但还是要在学校系统中规划出商业模式。这点也正符合其设计思考的存续性原则。唯有自给自足，才能长久经营。

五、案例经验与启示

Innova 学校是基于设计思维、用户体验设计方法、服务设计理论在教育发展与商业领域应用的经典案例。从发现问题到解决问题这一过程，给予我们一定的思考和启发。首先，要尽可能贴近实地去了解用户，明确用户需求。设计者通过一系列的走访和沟通，利用用户研究的策略，了解秘鲁当地的发展状况，发现制约原学校的一些因素，如当地师资力量匮乏、土地成本上涨等一系列问题。这些问题在整体的学校系统中，均设计了对应的解决方案，如网上教师资源中心、可灵活变化的教学空间等。其次，在考虑用户体验时，应整体地思考这个体系是如何帮助每一个利益相关者解决问题的。在这个案例中，利益相关者涉及老师、学生、家长及企业运营者，在通过整个系统设计来解决实际问题时，必须切实关注到每一个点，比如帮助家长关心学生的学习、帮助老师提升自我等。最后，在注重体验设计质量的基础上，系统设计还要考虑如何维持服务系统，即盈利模式。

　　此外，Innova 这个案例一个很大的意义在于，商业可以在教育中扮演很重要的角色，这在一定程度上为我国促进校企长久平稳合作提供了一些新的思考。学校虽然不直接参与生产过程却对企业提高生产经营效率有着潜在推动力，企业也在生产中无形地参与到学校的教育教学设计过程当中。学校不仅可以为企业提供科研支撑，解决企业技术难题，还可以培养企业所需专业人才，为企业长久发展提供人才支撑；企业则向学校投入资金，帮助学校建设与自己企业相关的专业，培养专业学生用于企业的发展。受传统教育思想的影响，我国社会层面对校企合作模式了解度及认可度不高，这也是我国校企合作模式缺乏活力的重要原因。此外，还存在学校和企业紧密性不足、各自掌舵现象严重的问题。二者之间权责分配不明确，难以调动企业积极性，合作理念社会推广度不高，容易出现走不稳、路子偏等现象。因此，学校和企业更应放眼世界加强国际交流合作，从资金投入、政策扶持、法律建设、专业设置等方面进行研究，并结合我国的教学思想、教育结构、产业结构等国情选择性借鉴，不断发展创新。

案例 2.4　英国终身技能开发共享框架

案例名称	英国终身技能开发共享框架——技能建设者伙伴（Skills Builder Partnership）
实施地区	全球
实施时间	2009 年
主要实施者	教育工作者、雇主和组织
实施对象	学生
相关网址	https://www.skillsbuilder.org/

一、案例基本信息

技能建设者伙伴（以下简称"项目"）由汤姆·雷文斯克罗夫特（Tom Ravenscroft）于2009年创立，是学校、教师、雇主与其他组织共同努力推动的一个全球运动。

项目的成立是基于这样一种信念，即基本技能应该是良好教育和工作场所培训的正常组成部分，并且每个人都能够掌握这些技能。项目致力于使用尖端的技术和先进的创新理念，以全新的、更严格的方法，为处于人生不同阶段的个体培养基本技能。

二、案例概述

为确保学生拥有自身技能发展的终身学习机制，该项目专注

第 2 章 教育教学模式创新案例

于培养儿童和年轻人的八个关键技能——倾听、交流、解决问题、创造力、保持积极、高目标、合作与领导力，旨在确保每个人都有机会学习掌握成功所需的基本技能。2009 年以来，项目已经从仅有的两位雇主和一间教室，发展到支持超过 140 万人培养其基本技能的规模[1]。

三、案例实施与推进

多年来，该项目实施者学到了很多关于如何更好地培养基本技能的相关知识。基于此，他们设计了技能构建原则（表 1），这些原则在任何环境下都适用。当然，由于学校自身因素等多方面的影响，各项原则在具体实施中也表现出差异性。

表 1 技能构建原则

原则	具体内容	需考虑的问题
简单性原则	对相同技能的持续关注有助于确保每个人都有共同的理解，并使这些技能的构建尽可能切实可行	（1）每个人都知道在学校或大学里注重哪些基本技能吗？ （2）当提及技能时，所有员工和学生是否使用一致的语言？ （3）是否所有员工都接受过这些技能的培训？

---

[1] https://www.skillsbuilder.org/about.

续表

原则	具体内容	需考虑的问题
持续性原则	掌握这些基本技能并不简单，需要时间和持续的努力。这些技能不仅关乎就业能力，还关乎生活的方方面面	（1）你有没有考虑过这些技能是否适用于你的所有学生？ （2）你能早点介绍这些技能吗？ （3）学生在成长过程中是否有机会进一步培养这些技能？
测量性原则	花时间反思个人的技能——通过观察或自我评估。这样可以全面地了解自身的优势和劣势，进而开展下一步的工作	（1）你是否使用了技能构建通用框架和评估工具，如技能建设工具？ （2）你的框架是否随着时间的推移反映出可量化的进展？ （3）你会定期检查进度吗？
聚集性原则	基本技能应该建立在学生以前的学习和技能成就的基础上，明确专门的时间来培养这些技能	（1）在培养技能时，针对不同的学生，你应该怎么做？ （2）你会花时间专注于发展技能吗？
实践性原则	为了加快培养基本技能的进展，应该尽可能多地使用和加强这些技能——包括反思的机会	（1）是否定期让学生运用其基本技能？ （2）是否定期让学生积极反思技能，以及技能如何发展？
相关性原则	通过将这些技能与现实世界联系起来，并应用于解决实际问题，帮助学生体验这些技能与其生活之间的紧密联系	（1）这些技能是否在教育、就业和生活中发挥作用？ （2）是否给学生提供了在不同环境中运用技能的机会？

应用案例一：英国 ACE 学校[①]

（一）实施背景

ACE 学校是一所位于西南部的学校，在德文郡和康沃尔郡的多个地区为有广泛额外需求的学生提供教育。ACE 学校支持所有学生的个人发展，并相信技能建设是确保学生在更广泛的生活背景下取得成功的基础。学校营造的氛围是，帮助学生增强自信心、自尊心及自我价值，鼓励学生进一步发展自己的基本技能。

（二）实施方案

1. 简单性原则

技能构建是学校改进计划的一部分，在学校每个教室、学习区域和所有利益相关方的现场展示中都参考了基本技能。该学校网站推广技能构建通用框架，并链接到技能构建中心（为父母和护工提供）。每个学生都可以使用技能建设护照来跟踪自己的学习进展，工作人员会使用技能建设中心来记录学生进展、参与对学生的干预活动。

无论是一对一的交谈还是在小组环境中，老师们都可以了

[①] https://www.skillsbuilder.org/case-study/ace-schools-plymouth.

解到学生所有的学习过程，并与家长分享进展，同时也鼓励家长们使用技能构建中心来了解学生的成长进展。

2. 持续性原则

项目设计者的主要安排是，通过使用技能构建中心的组件，让学生理解与自己学习与个人发展有直接关系的基本技能。学生每周有一堂技能培养课。

此外，所有课程学习都参考了基本技能构建的原则。例如，叠层卡片活动参考了与特定学习和发展相关的技能步骤，该活动还可以在上体育课或进行其他课堂外学习时组织实施。

3. 测量性原则

每半个学期，整个学校都集中于某个特定基本技能的培养，这项技能以介绍性的课程或集会开始。在这一阶段，学生使用通用框架来评估之前的进展，以明确自己在技能培养课和一对一交谈中应该重点关注哪些步骤。学生使用技能建设护照来记录自己在这半学期的进步。领导和导师使用技能建设中心提供的数据了解每个学生在小组环境中的参与情况。

在每半学期结束时，工作人员会更新技能建设中心的进展，并将其数据反馈给学生。

第2章 教育教学模式创新案例

4. 聚集性原则

导师和技能培养课老师利用技能建设中心，让学生参与到一对一交谈和小组活动中，充分促进学生的个性化学习。

每个学生都有自己的"组"来准确记录自己的学习数据，此数据可以与学生和家长进行分享，以便及时了解学生哪些方面的技能需要进一步发展。

5. 实践性原则

所有课程领域都明确要涉及八项基本技能，而且要使用共同的语言。无论是在课堂上的小组学习，还是一对一的学习，所有的学习活动都应与技能的发展有关。例如，学科课程图和资源包含构建基本技能的具体步骤，鼓励教师积极探索教与学之间的联系，帮助学生获得知识和技能。

6. 相关性原则

ACE学校鼓励所有学生与来访的演讲者和雇主进行交流，以便学生实践其技能。所有的学生都有机会在课堂外学习，在更广泛的社区中发展和锻炼基本技能。教师鼓励学生积极参与课外活动，并帮助学生认识到，除了学业成就，技能的获得也是个人发展的重要组成部分。

（三）实施效果

学生们开始明白，自己拥有的技能与未来的就业机会相关。他们开始重视和欣赏自己拥有的技能，关注能够获得的技能，并对自己的能力越来越有信心。学校也将继续努力争取得到所有老师的支持，开发定制课程，以期帮助学生取得更好的成绩。

应用案例二：印度 Pragnya Bodhini 中学[①]

（一）实施背景

Pragnya Bodhini 中学是一所公立学校，位于印度孟买的西郊。它为来自不同文化、宗教和经济背景的 700 名 3—14 岁的学生提供服务，且大多数学生是依靠学校进行全面发展的第一代学习者，因此基本技能的掌握对他们而言非常重要。

与此同时，作为技能建设全球加速器计划实施的其中一员，该学校鼓励涵盖所有的基本技能并将其整合到学术研究中去。

[①] https://www.skillsbuilder.org/case-study/pragnya-bodhini-high-school.

（二）实施方案

1. 简单性原则

在学校技能建设全球加速器计划开始之初，所有教师都接受了技能建设团队关于如何教授和评估学生这八项基本技能的详细培训。在此基础上，不同部门的领导与教师一起设计相关教学活动。教师在理解技能以及如何支持学生反思和发展技能方面变得更加自信。

2. 持续性原则

从学龄前儿童（3—5岁）到10年级学生（15岁），所有班级都积极致力于培养八项基本技能。当然，不同年龄段的技能教学不同。例如，对学龄前儿童采取了一种基于活动的游戏化方法，比如用积木构建形状，团队成员共同制作给定的形状；高年级学生则在社区完成学生主导的项目，如阅读、为低年级学生举办研讨会等。因此，为这些不同年龄段的学生提供合适的技能教学，对他们的个人发展非常重要。

3. 测量性原则

教师在课堂上使用技能构建通用框架，并通过观察来评估和测量活动的质量。教师会持续记录每个学生的技能发展情况，同时也给学生提供工作表，帮助他们理解技能的本质并完成给定的任务。

事实证明，这些数据对于学生分析、计划干预等十分有帮助。此外，当学生晋升到下一级时，新班主任也可以依据这些数据清晰地把握学生的技能发展情况。

4. 聚集性原则

学校每天抽出 30 分钟的时间，专门用来教授学生如何掌握基本技能。这段时间学校安排学生和老师展开对话，讨论所选技能的重要性、可以做些什么来掌握这些技能，以及未来将如何去做。

学生们在技能构建中心都有一个单独的技能练习册，每当他们展示一项技能时，就会得到星星和笑脸邮票的奖励。

最重要的是，技能是课程的一部分，而不是作为一个独立的科目。每一项活动、每一节课或每一件事都与技能的提高有关。

5. 实践性原则

学校举办了各种不同的活动，让学生有机会来应用其基本技能。每周"只需一分钟"课程成为周六所有班级的常规活动，每次都会为学生提供一组新主题，供他们选择并让他们分享自己的想法。学校每周还会邀请一位演讲者来课堂上分享不同的主题。在这些活动中，学生们倾听、交谈并提问。

除此之外，集会也是学习基本技能的重点。每天都有不同的学生进行集会，学生拥有均等的机会去分享自己的想法。

另外，每节课教师都会空出额外的时间让学生反思当天发生的事情来帮助他们更好地提升自身能力。

6. 相关性原则

学生们参与了许多社区项目。例如，3年级的学生与邻近的学校建立联系，并成功完成了为期6个月的交流计划；4年级和5年级学生与苏格兰的Ballentrea学校合作，就"水下生命"的项目交流了各自的想法与观点等。

学生们在参与这些活动时运用了习得的基本技能，并拥有了走出舒适区后所经历的成长体验。

（三）实施效果

参与基本技能驱动的活动首先让老师们看到了班里每个孩子的潜力。老师们意识到，每个孩子都拥有不同的技能，且这些技能都可以被磨练与提升。

此外，技能构建通用框架提供的对每一项基本技能的逐步分解，可帮助教师指导学生如何更好地掌握这些技能。

现在，基于技能的活动已成为课程的常规内容，学生能够清晰且自信地表达自己的想法，已经开始超越"什么"和

"如何"提出问题，现在也在寻找"为什么"的答案。

四、案例特点与创新

在教学方面，项目通过连接学校和雇主，将学习与现实世界的应用联系起来，通过一系列的活动来培养学生的八项基本技能，衡量学生掌握八项技能的情况。

在学习方面，教师可以根据技能构建通用框架轻松对学生进行水平测试，使用内置的跟踪工具查看学生对基本技能的掌握情况。学生可以通过伙伴关系持续进行实地考察，利用恰当的资源进行个性化学习，如访问短课程、参与拓展项目等，且终身能随时跟踪自身技能的发展情况。

在扶持机制方面，建设者伙伴关系企业开发了教师评估和学生自我反思的工具，以衡量学生的学习进展，并建设数字平台，为学习者提供资源。据2022年影响报告数据显示，在过去的一年内有120家雇主参与了该合作伙伴关系，培训教师15 669人次，培养202 497名学生的基本技能。此外，214个影响力组织通过青年工作、职业和就业能力培训、STEM活动等提供了206万个高质量的机会，帮助人们培养锻炼其基本技能。[①]

---

① https://www.skillsbuilder.org/file/impact-report-2022.

五、案例经验与启示

我国教育目前面临的问题之一就是终身教育体系有待健全，具体表现在：终身教育体系与既有国民教育体系的概念界定仍未明晰；"校外教育"发展面临的体制问题长期得不到解决；终身教育与其他教育资源和体制各自为政，在整合上存在困惑；国家终身教育立法仍未实现；等等。

英国技能建设者伙伴项目中，企业通过广泛与学校、教师、雇主和其他组织合作，来培养儿童和年轻人的基本技能。此外，还设计了包含简单性、持续性、测量性、聚焦性、实践性、相关性在内的技能构建原则。这在一定程度上为我国终身教育体系的建立提供了一些参考和思路。

在未来教育模式的变革中，我们首先要充分关注学习者终身学习意识的形成，帮助学习者适应并掌握个性化和自定进度的学习，尝试基于问题的协作学习，以具备终身学习的素养与能力。其次，学校应主动加强与企业、社区、私营部门及其他利益相关者的合作关系，促进双方或多方资源、信息和人才的流通，并从以上社会相关子系统和部门获得技术和资金支持；同时也向它们提供人才、场所和信息服务，双方或多方形成互补，实现共赢。

第 2 章 教育教学模式创新案例

案例 2.5 加拿大知识社会项目

案例名称	加拿大知识社会项目（The Knowledge Society，TKS）
实施地区	温哥华、多伦多、渥太华等地
实施时间	2016 年至今
主要实施者	知识社会
实施对象	13—17 岁青少年
相关网址	https://www.tks.world/

一、案例基本信息

本案例展示加拿大的 TKS 项目为实现教育 4.0 做出的探索，并阐述该项目如何让学生通过从学习和探索多种技术开始，选择最吸引他们的技术，然后自定进度，进行基于技术的学习、应用和扩展，最后建立自己的创新型和颠覆性的公司。案例也分析了信息技术在整个学习过程中发挥的作用。

二、案例概述

TKS 项目由纳苏兄弟（Navid Nathoo，Nadeem Nathoo）于 2016 年在加拿大多伦多创立，主要面向 13—17 岁的青少年。

TKS 项目的学制为三年。

第一年，致力于培养学生的基础技术和沟通技能。在整个过程中，学生学习和探索超过 40 种不同的技术，然后选择最吸引他们的技术。

第二年，学生专注于他们所选择的技术，并在该领域内扩展他们的技术技能。

第三年，学生们建立自己的创新型和颠覆性的公司。在三年的时间里，学生们还会不断地磨练他们的软技能，完全自主地完成学习。

TKS 项目旨在通过基于项目的学习、现实世界最新技术技能和创造性的培养，使学生能够使用所学的技能解决现实世界中的科技前沿问题。

TKS 网站首页如图 1 所示。

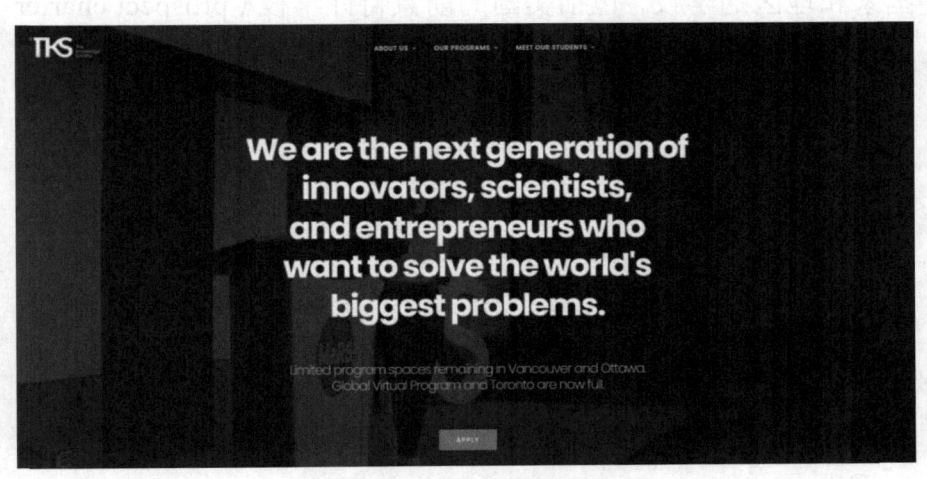

图 1　TKS 平台网页界面

三、案例实施与推进

（一）实施背景

世界经济论坛于 2020 年 1 月发布了一份题为《未来学校：为第四次工业革命定义新的教育模式》[1]的报告。基于全球第四次工业革命的大背景，该报告提出"教育 4.0"的全球框架，即学习内容和经验的八个关键特征（全球公民技能、创新创造技能、技术技能、人际关系技能、可及性和包容性学习、基于问题和协作的学习、个性化和自定进度的学习、终身学习和自我驱动的学习），以此定义高质量学习的内涵。该报告介绍了可能重塑经济和社会未来的"未来学校"，重点介绍了来自 16 个国家和地区的学校，包括美国的前景特许学校（prospect charter school）、英国的建设者伙伴项目和印度尼西亚的绿色学校等。在该报告中，TKS 是北美被列入名单中的仅有的三所未来学校之一。

TKS 认为，现在的年轻人要引领未来，仅仅懂编码是不够的。他们应该接触新兴的科学和技术，包括但不限于人工智能、基因工程、脑机接口、聚变能、区块链、细胞农业、纳米技术、

---

[1] World Economic Forum. 2020-01-14. Schools of the future: Defining new models of education for the fourth industrial revolution. https://www.weforum.org/reports/schools-of-the-future-defining-new-models-of-education-for-the-fourth-industrial-revolution/.

量子计算机和再生医学等。这些是将用于解决大问题和塑造未来的工具。像气候变化这样的全球性问题，已不再依赖传统的解决方法，而是需要依靠碳捕获、电池技术和清洁能源生产（如聚变和太阳能）等领域的进步。TKS 希望让年轻人接触这些新兴领域，同时发展他们的思维方式和现实世界实用的技能，并为志同道合者建立一个社区。TKS 认为自己为全球领导者和首席执行官提供了灵感——它成为了世界上第一个人类加速器。

（二）实施方案

TKS 的目标在于，将未来教育需要的技能赋予世界各地尽可能多的年轻人，以便帮助他们释放潜力，再由他们延伸，对世界各地的数十亿人产生积极影响。TKS 通过镜像技术公司的学习和工作环境，为学生提供指导、资源和导师，让学生学习新兴技术，并掌握科学领域的专业知识。TKS 立志于让学生接触最前沿的技术并带到现实中去实际解决现实世界中的前沿问题。

在教学方面，TKS 项目通过与沃尔玛、爱彼迎、微软、雀巢等公司合作，让学生了解公司所面临的现实挑战，利用公司所提供的咨询框架来思考如何应对这些挑战并提出建议。

在学习方面，学生先学习和探索多种世界前沿技术，包括人工智能、区块链、脑机接口、基因编辑、量子计算等。学生将从中选择最吸引他们的技术，然后自定进度、自主进行基于技术的学习、应用和扩展，最后建立自己的具有创新性和颠覆性的公司。

在社交和协作方面，学生参加课程就进入了 TKS 社区。学生在课程中会学习如何建立和利用人际关系，以及进行基于问题的协作。在当地课程有分小组，课程定期有线上的全球会议，结束课程后学生会加入 TKS 校友会。

在扶持机制方面，TKS 项目通过开发自己的在线平台，为学生提供各种资源和内容，在其运营的每个城市与一家主要的创新公司合作，由公司向学习者呈现目前遇到的挑战。可见，TKS 项目让学生能够与公司直接对话，进行技术的应用、创新和实践，从而培养学生的创新技能和实践能力。

TKS 有一个数字学习平台（https://tks.life/），所有学生都有自己的个人资料并可以建立自己的项目。在该平台，可供学生探索的技术模块有 40 多种，从自动飞行器、替代能源到合成生物学，范围比较广泛。TKS 课程分为线上和线下两种模式，线上模式通常一年的学习时长为 10 个月（从 9 月到次年 6 月），每学期以周为时间单位分配学习内容，每周需进行 3 小时的课程学习。表 1 展示了 TKS 公布的第一年（总计 33 周）

的线上课程安排[①]。

表 1 TKS 项目课程表

第 1 周 开启	第 2 周 非常规思维	第 3 周 下一个大事件
结识同学，开始建立新的友谊。了解 TKS 计划的期望，并第一次体验 TKS 社区	了解为什么你可以对世界产生不对称影响，以及非常规思维为什么对你的人生是必要的	团队合作，研究和展示你认为的下一个大事件是什么，以及为什么它会改变人类的轨迹
第 4 周 人工智能	第 5 周 区块链	第 6 周 生活与成功
使用人工智能技术创建应用程序，同时探索其对未来的影响。了解 OpenAI 和 DeepMind 等公司如何塑造工作、艺术、教育和商业的未来	你听说过加密货币、NFT（非同质化代币）或 DAO（分布式自治组织）么？这些都建立在区块链上。了解如何创建自己的去中心化应用程序（dApp）、加密项目或 NFT，以及如何应用区块链来解决实际问题	深度参与关于生活的哲学讨论。批判性地分析和讨论什么是成功，成功对你意味着什么，以及你如何创造自己的成功之路
第 7 周 人类长寿	第 8 周 黑客马拉松之探索	第 9 周 脑机接口
科学的进步也包括探索人类长寿方面的进步，如细胞衰老、端粒、再生医学、免疫学和基因编辑等领域的新进展。了解这些新领域，同时讨论延长寿命的伦理影响	使用你接触的新兴科学技术去设计一个重要问题的解决方案，并向具有人工智能、合成生物等领域背景的专家评审小组展示你的想法	一起来头脑风暴脑机接口的新用途，这些新用途将会在未来几十年重塑我们的生活方式。Neuralink、Kerel 和 Neurable 等公司正在努力弥合人类大脑和机器之间的差距，以解决神经系统疾病和假肢控制等问题

---

① Session Schedule. https://www.tks.world/program/virtual#schedule.

续表

第 10 周 真实世界的挑战 1	第 11 周 真实世界的挑战 2	第 12 周 真实世界的挑战 3
学习解决现实世界问题的最佳方法是与公司合作去应对他们面临的挑战。在本课中,你将根据自己的兴趣在多个挑战之间进行选择,并开始研究解决方案	了解心智模型和解决问题的框架,如第一原则思维和MECE(mutually exclusive, collectively exhaustive,相互独立,完全穷尽)分析法等。并将之用于与你合作的公司建立可以具有可行性的方案。在现实世界中,教科书的背面没有答案	审查你的最终建议并将你的提案提交给公司。在本课中,你将进行事后分析,以反思你从挑战中学到的知识、可转授的技能及面临的困境
第 13 周 **全球社区**	**第 14 周** **基因工程**	**第 15 周** **量子计算**
在这个有趣且高度参与的课程中,你将遇到来自世界各地与你志同道合的TKS学生。你还有机会了解其他地区的TKS院长,包括他们的背景、专业知识和更多的个性化信息	CRISPR这种新的基因编辑技术突破了科学研究和人类治愈致命疾病的能力界限。了解我们该如何应用基因编辑和测试来治愈癌症和疟疾,以及在婴儿出生前就为其解决缺陷	探索由量子计算机引起的下一波计算机技术浪潮。量子计算机使用量子比特和量子门来解决超级计算机无法解决的大型数据集的高度复杂问题
第 16 周 **元宇宙**	**第 17 周** **黑客马拉松之焦点**	**第 18 周** **心智模型**
虚拟现实技术和增强现实技术正在为人们创造新的生活世界。在本课中,大家相互合作并头脑风暴,去寻找元宇宙中可能存在的新机会,并设计解决方案来实现它	通过多学科交叉的方式进行团队合作,并以此来为世界上最重要的问题设计解决方案。当然,要选择你最感兴趣的方向!向专家展示你的解决方案并获得反馈	为了应对全球挑战,请更深入地研究心智模型,并将其应用于解决世界饥饿等问题。本课将让你更好地了解解决问题的高级框架

第 2 章 教育教学模式创新案例

续表

第 19 周 哈佛商业案例	第 20 周 全球挑战 1	第 21 周 全球挑战 2
通过处理哈佛案例来体验哈佛大学商学院的学习。你将训练高级分析技能并学习如何解决商业问题	你将在团队中工作，以应对全球挑战，进行体验式研究，并提出深入的建议。此前的学生曾与爱彼迎和微软等合作应对全球挑战	了解问题对解决问题至关重要。在本课你将学习如何通过对利益相关者的访谈来深入了解你面临的挑战，以及如何通过好问题来发现有价值的数据
第 22 周 全球挑战 3	第 23 周 全球社区	第 24 周 世界上最大的问题
学习如何给出高质量的反馈，然后分组向其他学生的建议提出反馈。本课结束时，你将更清晰地知道如何通过行动改进自己的建议及预想的目标	在这个非常有趣且高度参与的课程中与 TKS 全球社区再次连接。与世界各地的人一起协作去进行事后分析，反思在学习、困难、实践和失败中得到的经验教训	学习如何通过了解一些世界上最大问题背后的根本原因去影响数十亿人，并通过根本原因分析框架去头脑风暴这些问题的潜在解决方法
第 25 周 世界饥饿	第 26 周 登月项目 1	第 27 周 登月项目 2
使用 WBP（Wartime Basic Plan，战时基本计划）框架确定减少世界饥饿的可能的解决方案，包括确定现有解决方案的根本原因和弱点，以提出有可行性的假设	了解登月计划，以及谷歌是如何通过创建一个部门（即登月工厂）来建立登月项目的。了解如何通过 "10 倍思考" 来以所未见的方式使用新兴技术解决问题	分析创新公司用于创建颠覆性技术的框架，包括学习如何确定正确问题的优先次序、接受失败、尽早终止项目和迭代。本课需要在团队中处理项目
第 28 周 登月项目 3	第 29 周 登月项目 4	第 30 周 登月演讲
本课的重点是培养你对你的登月项目相关技术的深度理解。确定技术差距，寻找并联系可以帮助你的专家，弥合技术差距并转化为具有可行性的解决方案	本课需要在团队中处理你的登月计划。你还将了解谷歌和 SpaceX 等组织中公司文化的重要性，以及了解文化如何成为创造性变革创新的基础	向来自世界上一些最具创新性和颠覆性公司的评审小组展示你的登月计划。如果你打算去实现你的想法，评委会将会提出尖锐的问题，并提出建议及反馈

续表

第 31 周 TKS 展示	第 32 周 自我意识	第 33 周 全球校友活动
在 TKS 年终展中展示你的项目和成长。与嘉宾建立联系，他们中包括风险资本投资人、首席执行官、初创公司创始人高管和 TKS 校友	反思你在 TKS 期间指数级增长的经历，以及这将如何加速你的成长轨迹。你会被问到一些深刻的问题，这些问题会让你反思并获得重要的领悟	作为校友正式加入 TKS 全球校友社区。与来自世界各地的校友（有的在创建公司，有的在领导实验室，有的进入了世界顶级高校学习）建立友谊和社交网

（三）实施效果

经过 TKS 模式的学习，学生对世界科技前沿的发展有了更清晰的认识，也学习了解决问题的方法。基于此，有的学生在一些世界级会议上发表演讲，如全球网络峰会、西南偏南教育峰会和蒙特利尔商业精英会议等；有的学生获得了在微软和 IBM 等顶尖公司的实习机会；还有的学生创办了自己的公司。

截至 2023 年 2 月，TKS 不再局限于加拿大，除了多伦多、温哥华和卡尔加里，还已经在美国的奥斯丁、纽约和西雅图建立了线下校区。来自世界 300 多个城市的校友数量超过 2500 人，校友创办的初创公司数量达到 26 个。[①]。在未来，还有更多的线下校区将开放，包括迪拜、柏林、新加坡、墨尔本、东京等。

---

① World Economic Forum Names The Knowledge Society a School of the Future. 2020-01-15. https://www.globenewswire.com/news-release/2020/01/15/1970805/0/en/World-Economic-Forum-Names-The-Knowledge-Society-a-School-of-the-Future.html.

四、案例创新与特点

TKS 项目基于线上学习，其特点在于，不仅涵盖对前沿科技的介绍，在项目学习中还很好地融合了社交网络、展示演说、建立信心、哲学、进行深思熟虑的讨论、咨询框架、设计、谈判、思维模式、心理模型、建立友谊等方面的技巧。从内容来看，TKS 不仅训练学生掌握新兴技术，也训练学生的全球公民技能、创新创造力、技术技能和人际交往技能，让学生可以做到个性化和自定进度的学习、可及性和包容性学习、基于问题和协作的学习、终身学习和自我驱动的学习。

TKS 项目的创新之处在于，它旨在培训年轻人最大限度地发挥影响世界的能力，其灵感来自成功的职业经理人和全球领导人，同时也模仿了谷歌和 SpaceX 等颠覆性公司的环境。其项目内容有 4 个组成部分：科学与技术、现实世界的挑战、黑客马拉松和生活技能。课程中的各种会议都是基于项目且具有高度互动性的。学生通过讨论、案例研究和演示来了解新技术，并与国际公司合作解决实际问题。项目还向学生传授生活哲学，如第一原则、斯多葛主义、反脆弱等。对没有进入社会工作的青少年学生来说，在学习技术技能的同时，也很有必要学习这些生活哲学，这有助于他们成为更好的领导者去影响他人。

五、案例经验与启示

　　TKS 是线上线下混合的项目式学习，学生们在当地会有共同学习的小组，线上会有全球的研讨会。TKS 有一套较为成熟的运作模式，使学生能通过这样的混合式学习获取真正的知识，并加以运用。2020 年以来，我国紧急状态下的在线学习逐渐转为常态化的混合式学习，虽然这种模式下的学习效率常被诟病，但这必将是未来发展的常态。如今的混合式教育需要向未来教育发展，我们可以借鉴 TKS 的经验，转变学校教育模式，创新学习范式、教育场域和教学方法。

　　技术更新迭代很快，TKS 的成功之处就在于其对前沿技术的紧跟，以及将这些技术融入学习项目，使学生保持对最前沿技术的了解与学习。普通的初高中学生，对于科技的认知和接触大都是从教科书上来的，但是教科书从编制、撰写到出版发行，再到进入学校，过程较为漫长，而且教科书也不会每年更新，这就可能导致学校的学生和最前沿技术的脱节。我们可以学习 TKS 的方法，将高校一线科研下沉至初高中，甚至小学阶段，加强学生们从小对科技的认知，培养学生对前沿领域的探索意识，激发学生对科学的热爱。

第 3 章

学习环境和资源建设案例

案例 3.1　西班牙国际教育与资源网络

案例名称	国际教育与资源网络（International Education and Resource Network，iEARN）
实施时间	1988 年至今
主要实施者	国际教育资源网
实施对象	iEARN 教师和学生
相关网址	https://iearn.org/

一、案例基本信息

iEARN 使世界各地的学生和教育工作者能够设计和参与全球项目，这是其常规课堂和课后计划的一部分。通过该项目，教师和学生进入线上合作学习平台，并与世界各地从事同一项目的同伴一起推进正在进行的项目。

二、案例概述

iEARN 成立于 1988 年，是一个非营利性的非政府组织，由 140 多个国家的 3 万多所学校和青年组织组成。iEARN 在西班牙巴塞罗那卡勒斯设有国际办事处。1988 年，在彼得·科彭的领导下，科彭家庭基金会在纽约–莫斯科学校电信项目中将莫斯科的 12 所学校与纽约州的 12 所学校联系起来。该项目开创性地表明，如果年轻人能通过网络技术参与合作项目,就可以提升教育水平,提高生活质量。这是 iEARN 的第一个项目,当时 iEARN 初具雏形。

通过 iEARN,教师和学生基于互联网等通信技术进行在线合作。iEARN 的目标强调在相互了解和尊重的基础上,促进来自不同社区的教师和学生之间的合作。加入 iEARN 后,教师和学生可以进入一个活跃的线上合作学习平台,结识其他的参与者,一起参与由世界各地的同侪发起的项目。除了能够满足特定课程或学科领域的需要,iEARN 提出的每个项目都必须回应"这个项目将如何改善人类在地球上的生活质量",目的是将 iEARN 的所有成员紧密地联系在一起。通过参与项目,学生培养与地区或全球伙伴分工合作的习惯,逐渐理解自己在社会中能发挥的积极作用。

iEARN 为有兴趣将全球项目及线上合作工具融入课堂中的教育工作者提供线下、线上的教师专题研讨会和网上课程。iEARN 课程讲师会针对参与的学校和教师,提供满足其需求或兴趣的课程内容。

三、案例实施与推进

(一)实施背景

自 1988 年成立时,iEARN 就率先使用了信息互动技术,使学生们能够与世界各地的同侪一起参与富有意义的教育专案。iEARN 符合《未来学校：为第四次工业革命定义新的教育模式》报告中的人际交往技巧部分的要求，强调人际交往技巧和特质，如同理心、合作、谈判、领导力和社会意识。该报告认为 iEARN 的模式是独一无二的，因为它将学生与来自世界各地的学校的同龄人联系起来，共同致力于为世界创造积极变化的问题和项目。

iEARN 的愿景是让年轻人从事为地球及人类谋福祉的项目。其目标包括：在尊重人民权利平等和自觉原则的基础上，发展各国青年之间的友好关系；鼓励各国青年学习，利用电信和其他技术进行合作和协作，加强世界和平，确定并积极参与解决世界面临的全球性问题；促进和鼓励全世界的青年不分种族、性别、语言、文化或宗教，尊重所有人的人权和基本自由；分享各会员中心提供的优质教育资源和其他资源；为向所有人开放的基于概念和行动的教育网络提供全球基础设施；与希望实现 iEARN 宗旨和目标的青年组织、学校或个人分享和转让电信技术、教学方法和其他资源；协助各个 iEARN 中心建立培训和支持计划等。

2015 年，iEARN 动员其全球网络和其他全球教育合作伙伴，以实现世界上新的 17 个可持续发展目标。可持续发展目标于 2015 年 9 月由联合国所有会员国一致通过，这是一套与未来国际发展相关的具体目标。可持续发展目标是为所有人实现更美好、更可持续的未来的蓝图，其涉及我们面临的全球挑战，包括贫困、不平等、气候变化、环境退化、和平与正义。2000—2015年，全世界都在努力实现千年发展目标，取得了一定成效，但仍需努力。为了成功实现新的可持续发展目标，各组织必须共同努力。iEARN期待与其他教育网络、青年团体以及社区和组织合作，以实现这些关键目标。

（二）实施方案

iEARN是一个会员制组织，教师和学生必须注册才能进入iEARN论坛。每个国家的iEARN中心都会管理自己的会员和所需费用，费用因国家而异。如果想要注册成为iEARN会员或获取更多有关iEARN项目的信息，需要填写在线注册表，以供注册人所在国家的iEARN协调员审核。成为iEARN会员后，才可以通过加入iEARN项目与iEARN的社区合作。iEARN项目以线上线下相结合的方式展开，并为会员提供独一无二的，具有专业、关怀、敬业、忠诚等特点的学习者社区。iEARN的入门步骤主要分为七步，具体如下。

1. 与社区联系

世界各地的教育工作者之间建立联系是iEARN项目的基础。他们之间的联系有助于在不同教育系统、时区、学术时间表、文化差异、语言差异以及非口头和非视觉的学习媒体上开展具有挑战性的项目合作任务。无论是线上、线下会议期间，iEARN 都高度重视建立世界各地教育工作者之间的联系。

刚加入的会员迅速融入的方法是在社区中介绍自己并结识其他人。通过访问教师论坛并在论坛中以自我介绍和回复其他成员的方式来练习发帖，从而熟悉开展项目的协作中心平台。介绍中最好包括姓名、来自哪里、教授的科目与年级、感兴趣的项目类型等内容。

2. 探索当前的 iEARN 项目

iEARN 每年有超过 100 个的活跃项目。这些项目由 iEARN 社区的成员创建和推动。作为 iEARN 的新会员，第一步是作为项目参与者加入现有的 iEARN 项目。有三个主要渠道能够了解当前开展的 iEARN 项目以及如何参与其中。详情如下：

（1）iEARN 在行动。iEARN 在行动是新闻快讯中的一个板块，每月发送一次在线时事通信。可以通过电子邮件订阅 iEARN 在行动的新闻快讯，有订阅意向的参与者可访问 https://iearn.org/news。

（2）档案模块的 iEARN 项目数据库。项目数据库中包含有关 iEARN 社区项目的详细信息，参与者可进行检索（图1），根据自身需要选择不同年龄、语言和主题的项目。

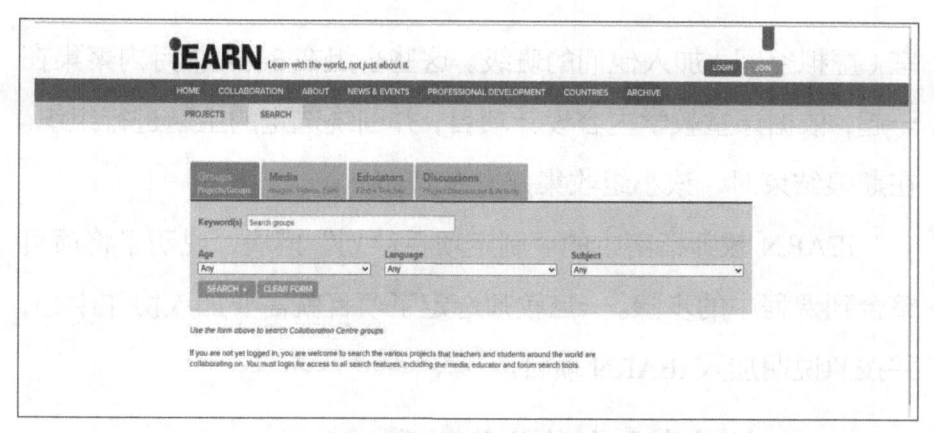

图 1　iEARN 项目数据库的项目检索页面

（3）iEARN 的项目手册：iEARN 每年都会发布一本项目手册，所有成员都可以根据需求下载。

3. 选择一个项目

iEARN 鼓励所有会员在启动自己的项目之前先参与现有项目。iEARN 项目由教师和学生设计，并采取许多不同的形式开展。大多数 iEARN 项目属于以下三类之一：

（1）每年持续进行的项目。参与者可以在一年中的不同时间加入。此类项目的一个例子是"生命中的一天"项目。

（2）具有明确开始和结束日期的短期项目。此类项目的一个例子是国际读书俱乐部。

（3）学习圈项目。学习圈由 6—8 名教师组成，可以在电子教室（虚拟空间）加入他们的班级。这些小组在 3—4 个月内聚集在一起，依据课堂教学内容设计项目，并围绕选定的主题进行组织。在期限结束时，该小组收集并发布其作品。

iEARN 教师指南中的"制定项目计划"模块，说明了将项目整合到课程中的步骤。一旦教师选定了项目就需要加入协作中心，并按照说明加入 iEARN 项目。

4. 与促进者和合作伙伴联系

iEARN 成功的关键是与网络中的教育工作者建立有效的联系。在探索时，教师应牢记交流与协作的观点，主动与其他参与者建立联系，并考虑作为教师可以从已从事网络工作的人那里学到什么。

每个 iEARN 项目的主持人可以帮助参与项目的教师之间建立联系，并指导完成课堂中的项目活动。教师第一次加入项目时，需要与项目协调人取得联系并分享自己的项目目标，项目协调人会为教师提供必要的支持。可以在感兴趣的项目所在的论坛或项目手册中找到项目协调人的电子邮箱。

为了与其他参与者建立密切的联系，会员可以在自身参与的项目论坛上发布讨论，向项目协调人和其他项目参与者介绍自己、学生以及期待达成的目标。

5. 为学生做好准备

第一，课堂上不同时区的地图和时钟可以帮助学生了解全球协作的时空动态。网站的"每个时区"提供了一个易于理解的动态界面，用于查看时区。第二，与学生签订伙伴合同，以确保他们了解尊重沟通的重要性。此外，确保每个论坛帖子在发布之前都经过审核。第三，教师按照网站给出的教程将学生的信息添加到自己的 iEARN 账户，让学生上网阅读其他学生在项目论坛发布的帖子并在青年论坛上介绍自己。

6. 确保学生参与

教师需要确保自己的学生积极参与在线活动，iEARN 给教师提出了几点建议。第一，提问是进一步对话的好方法。通过提问，可以让更多的学生参与到讨论之中。第二，在自己班级参与的项目论坛上发布学生作品，包括照片、故事和视频。第三，在教师自己的班级和伙伴教室之间组织一次或多次视频会议，这可以极大地丰富学生的体验。

7. 分享作品

大多数 iEARN 项目都涉及最终的"产品"，如网页、出版物等。教师应考虑如何进一步向当地社区和世界展示自己的全球项目作品。iEARN 教师指南中的"展示学生成果"模块包括许多分享作品的想法。例如，使用学校公告板或通过出版物、网站、维基、博客等；组织学校或社区活动，学生可以在其中向观众展示他们的作品；让学生在虚拟会议上展示他们的作品，例如年度全球教育会议。

在整个学年的在线协作后，iEARN 会邀请教师和学生参与年会和青年峰会，分享课堂经验、举办研讨会并相互学习。

iEARN 每年都会发布新的项目计划书，其中包含艺术、环境、历史、社会等多个主题的项目，以下是几个具体案例。

应用案例一：奥运与残奥会在行动

2022 年 1 月 29 日，即 2022 年北京冬季奥运会开幕前夕，iEARN 的"奥运与残奥会在行动"项目首次以 2020 年东京奥运会和残奥会为主题推出，并在 Zoom 上举办了第三届全球展览会，以促进团结与福祉。来自澳大利亚、阿塞拜疆、白俄罗斯、中国、日本、摩洛哥、尼泊尔和俄罗斯等八个国家的约 40 名师生参加了会议。参与者开发了用各自民族语言写的"欢呼口号"，并用英语分享发音和含义，以多语言"欢呼口号拼贴"的形式创建最终的协作产品（图 2）。

随后是教师支持的学生演讲，来自不同国家的学生都进行了应对疫情措施的介绍。来自其他国家的初中生和高中生随后介绍了疫情下的现状、冬季运动、对 2022 年北京冬季奥运会的兴趣等，并针对

第 3 章　学习环境和资源建设案例

图 2　最终协作产品[1]

这几个问题设置了测验让其他听众参与其中。来自日本的东洋学园大学儿童英语教育研讨会的学生，介绍了他们如何在两所日本公立学校支持项目活动，并且还担任初高中学生演讲的主持人。

应用案例二：地点和视角

地点和视角是全球学习圈主题中的一个项目。它鼓励学生通

---

[1] The Olympics and Paralympics in Action Project Global Exhibition 2022 for Solidarity & Well-Being in Beijing 2022. 2022-03-24. https://iearn.org/news/the-olympics-and-paralympics-in-action-global-exhibition-2022-for-solidarity-well-being-in-beijing-2022.

过与来自不同地方的人们分享他们的知识来探索区域历史、文化、政治和地理。学生通常认为他们的生活方式和思维模式是相似的，没有意识到差异性。该项目的目标是让学生接触他们自己的学校和社区以外的地方，以扩大他们的视野。这有助于学生了解历史事件和地理条件是如何相互作用的，从而帮助他们塑造自己的生活，并让他们更深入地了解自己、家庭和社区。

每个课堂都会发起一个项目，作为地点与视角的一部分。例如，学习历史的课堂可能会了解关于当地的传说，采访当地居民或描述该地区的历史景点。政治课堂可能会检查地方宪法、监督选举或地方政治问题。地理课程可能会开展诸如位置描述、旅行指南、天气模式比较、地图研究或关于地理位置如何影响社会模式的研究等项目。

在学习圈中开展地点与视角项目一般经历六个阶段，分别为准备阶段、打开学习圈、规划项目、交换学生作品、出版《地方与视角》杂志以及关闭学习圈（图3）。

在准备阶段，学生通过讨论不同地点的人之间的异同为开展学习圈项目做好准备。教师可以通过地图研究、课堂嘉宾、实地考察、地图阅读技巧等方法向学生介绍该主题。

1. 地图研究

首先让学生凭借记忆画出世界地图，此活动通常需要10分钟

第 3 章 学习环境和资源建设案例

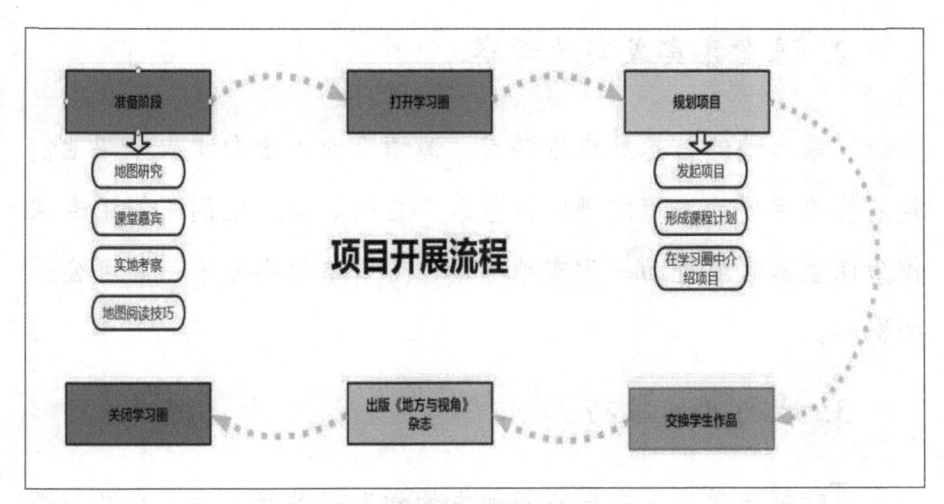

图 3 项目开展流程

左右。向学生保证你不是在测试他们，而是想帮助他们探索世界。向学生展示自己所在国家或地区常用的世界地图，让他们将该地图与自己绘制的地图进行比较。询问有多少学生画出了世界地图，再让学生思考不同地区的人们是如何绘制地图的。他们可能会将世界的哪个部分放置在地图的中心？让学生找出其他国家的地图示例以及大陆的不同投影。询问学生这些地图有什么不同，是否能说一张比另一张更准确，进而讨论不同的视角如何影响看待国家和大陆的方式。可以向他们展示一张北极和南极颠倒的地图。用这些例子表明，即使是对我们生活的土地这种具体和可测量的东西，大家也会存在不同的观点。

2. 课堂嘉宾或实地考察

联系当地的信息局或旅游局，邀请专业人士向学生介绍他们是怎样决定要为城市的哪些特色做广告的。如果他们不能派专家作为课堂嘉宾或赞助一次实地考察，可以请他们分享一些可公开的资料。

3. 地图阅读技巧

此时需要学生与来自不同地方的学习者进行合作。在学习圈的布告栏上放置一张足够大的地图，以显示所有合作伙伴的位置。让每个学生用颜色鲜艳的别针标注自己所在的地理位置，并通过权威来源来收集每个地点的信息。张贴这些信息，并将这些信息与地图上标注的位置联系起来，帮助学生使用地图预估其他伙伴所在地的有关信息。例如，他们住在城市还是农村？他们住的地方靠近河流、湖泊或海洋吗？这些差异如何影响他们的生活？让学生讨论他们自己了解的或者想要了解的地点。

在项目规划阶段，可以分三步开展。首先，发起地点与视角项目。发起一个项目包括选择一个主题、提出想从其他网站获得的信息类型、组织在网络上交换的项目材料、准备一个关于项目的章节并纳入学习圈出版物《地方与视角》杂志之中。其次，形成项目的课程计划。课程计划可以通过图片的形式呈现，也可以以表格的形式呈现自己的想法。最后，在学习圈介绍该项目。

（三）实施效果

iEARN 通过全球网络，已支持了 130 多个国家 5 万多名教师和 200 多万学生进行一些旨在让世界变得更美好的项目合作。2018—2019 年，来自 124 个国家的 2961 名教师和大约 7.4 万名的学生与全球合作伙伴一起采取行动，为当地和全球社区做出有意义的贡献，与 2017—2018 年的项目周期相比参与率增加了 6%。2018 年 8 月至 2019 年 6 月，在 iEARN 协作中心平台，美国与俄罗斯教师的项目参与度最高。iEARN 项目的参与者年龄分布较广，2018—2019 年度不同年龄段参与者的占比情况如图 4 所示。

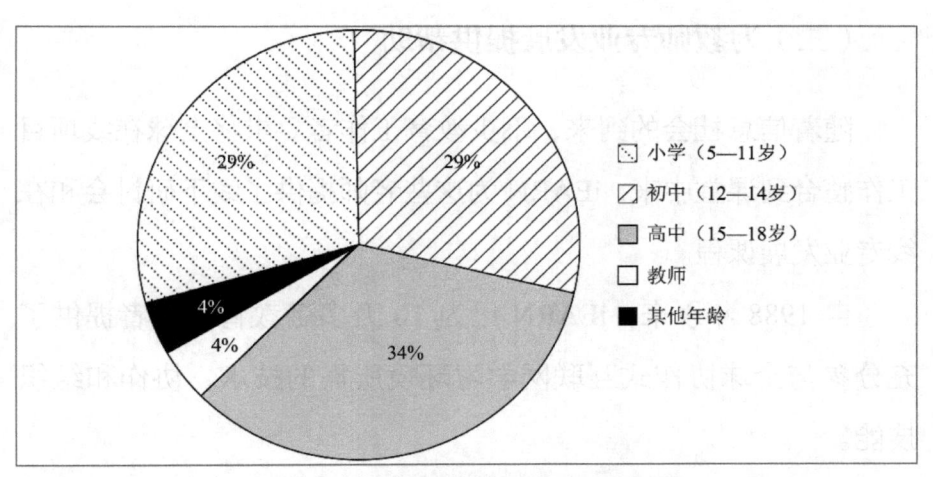

图 4　不同年龄段参与者的占比情况

四、案例特点与创新

（一）网站项目多元，满足教师和学生的个性化需求

iEARN 提供了丰富多样的项目类型，包含艺术、环境、历史、语言艺术、数学、科学、社会研究和技术等八大类，每类中又包含不同主题的项目。并且，这些项目一般是由世界各地教育者根据自己在实际生活中遇到的问题所提出的，题材贴近生活，比起枯燥的书本知识，这些项目活动更加生动形象，符合学生的认知。几乎所有的教师和学生都可以找到符合自己学习兴趣和需求的项目。如果有学生没有找到自己想要参与的项目，则可以按照网站提供的步骤自己规划项目，并通过论坛寻求兴趣相同的合作伙伴。

（二）为教师专业发展提供帮助

随着信息社会的到来，不少教育工作者寻求将全球在线项目工作整合到课堂中来，iEARN 为这些老师提供了线下研讨会和在线专业发展课程。

自 1988 年以来，iEARN 已为 10 万多名教育工作者提供了充分参与全球协作式互联网学习环境所需的技术、协作和组织技能。

iEARN 研讨会的重点是每个参与教师的特定课程和课堂环

境，以及参与基于互联网的合作学习项目所需的技能，例如同行评审、团队建设等。培训师还可以解决特定的组织问题，例如计算机实验室的调度。iEARN 在线课程旨在帮助教育工作者将全球在线项目工作整合到他们的教学中。一些加入 iEARN 的国家计划为教育工作者提供在线专业发展机会，虽然它们的课程设置各不相同，但都有一个共同的目标，即支持教育工作者和学生使用技术来实现协作项目工作。

（三）年龄覆盖面广，满足幼儿到青年的需要

iEARN 的项目有严格的年龄段划分，分别为 5—11 岁、12—14 岁、15—18 岁。每一个项目都会标明适合的年龄段，符合学生发展过程中的阶段性的特点，以为每一年龄段的学生提供最能促进他们发展的项目。项目覆盖的年龄范围广，能够让各个年龄段的学生在 iEARN 平台中有所发展。

（四）iEARN 网络页面简洁明了

iEARN 页面设计简洁，按类别分成不同的模块，便于访问者根据自身需求方便快捷地检索资料。它主要分为协作、关于、新闻与活动、国家以及档案等模块。访问者可以在这些模块中了解 iEARN 有哪些合作者、与 iEARN 有关的信息、历年来 iEARN 的一些活动新闻等内容。

（五）提升学生多元文化意识

iEARN 的项目是由世界各地的教师或青年根据自己的喜好或生活实际提出的，不同地区参与者提出的项目所体现的地域文化、习俗或生活习惯等会存在一定差异。学生通过参加这些项目，可以了解到不同国家和地区的文化，与世界各地的朋友交流自己的观点。在这一过程中，教师应注意引导学生尊重不同的文化，接受文化差异，提高自己的批判思维能力。

五、案例经验与启示

iEARN 是一个具有包容性和多元性的非营利性组织，为来自世界各地的学习者提供了不同的交流合作项目，使得全球的教师和学生能够接触到更加多样化的学习资源，为全球教育发展贡献力量。

通过参加 iEARN 的项目，每个人都能够自由地表达自己的观点与想法，既能够锻炼学习者沟通交流的能力，又促进了不同国家之间的文化交流。iEARN 的项目涉及艺术、环境、历史等八个领域，满足不同学习者多样化的学习需求，学习者能够根据自己的兴趣与需要选择不同的合作项目，满足了学习者个性化学习的需求。同时，每个项目在设计时都会明确参与者的年龄，符合年龄的参与者才能够加入项目，这符合青少年发展的阶段性特点，为不同年龄段的青少年提供了更适切的学习内容。为了能够服务于全球的教师与学生，iEARN 支持多种语言模式，便于不同国家的教师和学生参与项目。

目前我国 iEARN 网站发展还不成熟，需要不断加强主页、合作、专业发展、新闻发布、事件、支持等多个子模块的建设，扩大我国教师和学生群体的参与度，为教师和学生提供更多与国际交流合作的机会，促进教师和学生的多样化发展。我国应鼓励学生和教师积极地加入 iEARN，踊跃参与其他国家的 iEARN 成员提出的项目，同时发起能够体现中国历史和文化、符合全球可持续发展目标以及为全人类发展谋福祉的项目，既让世界了解中国，又为世界发展贡献中国力量。

案例 3.2　美国高中科学系列教材配套网络学习平台

案例名称	美国格伦科高中科学系列教材（Glencoe High School Science）配套网络学习平台
实施地区	美国
实施时间	2016 年至今
主要实施者	美国麦格劳-希尔教育集团（McGraw-Hill Education）
实施对象	美国高中学生
相关网址	connected.mcgraw-hill.com

一、案例基本信息

本案例展示了 2016 年出版的美国格伦科高中科学系列教材配套的网络学习平台"connected.mcgraw-hill.com"（以下简称"ConnectED 学习平台"）的功能与作用。

二、案例概述

ConnectED 学习平台是格伦科高中科学课程资源的重要组成部分，它为学生的课程学习提供了重要引导。2016 年，美国麦格劳-希尔教育集团出版了格伦科高中科学系列教材，还配套了相应的网络学习平台 ConnectED。该平台具有全新的数字化教与学环境，包含实用的教学资源与工具，同时可以提供及时的反馈，拥有良好的评价功能。ConnectED 是实现数字化学习的重要体现，满足了 21 世纪多元化课堂和学生的需求。此平台是学生探究学习的蓝图，以满足新的学科标准。

三、案例实施与推进

（一）实施背景

21 世纪以来，随着移动阅读、移动学习成为现实的需求，大众逐渐开始追求移动学习和泛在学习。在这种背景的推动下，麦格劳-希尔教育集团看到了学生在家学习对其数字教科书的需求，由此开始了这个项目的设计和运行，出版了格伦科科学系列教材，还配套了相应的网络学习平台。该公司的教材配套网络学习平台不仅建设起步早，技术成熟，更新迅速，而且其设计融入了先进的信息技术及教育理念。平台的开发者认为，每一个学习者都是独一无二的，学习平台开发不仅要满足每个学生科学课程的学习需要，还可使教师能通过平台有效地引导学生学习科学，平台应该是科学课程适应学生学习科学的"艺术"成果。学习平台不仅应该使用便捷、结构简明、布局合理，还应将科学自适应学习工具嵌入学习管理系统，结合高度可靠且简明的学习任务，以改善学生科学课程的学习效果。借助系列教材和

ConnectED 学习平台所提供的重要工具和学习资源，学生通过高中阶段的科学课程学习，将在表现预期、科学与工程实践、学科核心概念、跨学科概念等方面，达到《下一代科学标准》所提出的基本要求。

（二）实施方案

第一，ConnectED 学习平台为老师和学生提供了一个全新的数字化教与学环境。基于平台内丰富的教学资源，老师和学生可以进行深入且高效的互动，实现更有效的知识传授，而平台上的资源与课本上的内容是完全对应的。其次，平台运用先进的教学理念和 IT 技术对权威的教学资源进行了重新组织和设计，既能大量节省老师的备课时间，又能有效激发学生的学习兴趣，帮助学生做好预习和复习任务，使课堂上的讲授变得更高效。同时平台中的每章内容都从一个视觉现象、现象库中的在线指导问题以及启动实验室开始，以激发学生去探究。为学生提供的探索和调查的机会可促进其在课堂中的团结与协作。最大的特色是呈现章节的总体概念，它有助于提供理解细节的框架。而相关现象的照片可以引发学生的兴趣，促使他们提出自己的问题。

第二，ConnectED 学习平台里实用的教学工具可以帮助教师和学生更好地设计和优化教学过程和学习过程，教师可以根据学生详尽的学习报告进行更有效的因材施教。同时平台的设计简洁，操作简单，符合老师和学生的互联网使用习惯和思维方式。平台还嵌有自适应学习工具，它能够提供人机交互的实验室，学生可以自主调整学习内容，实现个性化学习。学生可以在可选的学生活动中自主选择学习内容，如丰富资源、现实世界的生物学、环境探索，这有助于他们进一步理解核心学科思想。在 ConnectED 学习平台中也可以找到《科学与工程实践手册》，以了解将来在科学研究和工程项目中要使用的技能。

第三，通过使用 ConnectED 学习平台，教师可以从批阅作业、评卷等繁杂的管理工作中解放出来，这样能够节省很多宝贵时间，用以更深入地讲解相关知识，或者布置更多有效的学习任务来辅导个别学生。平台中有丰富的优质学习资源，包括商业与经济、人文、社会科学与语言，以及科学、工程与数学等学科领域。每个学科都支持学生自主学习，包括电子书、题库、自适应智能学习系统、电子课件（PPT、教师手册、课后习题答案、配套案例讲解等）等，老师还可以上传自己的内容。

第四，ConnectED 学习平台具有强大的评估反馈机制。平台具有多种评估类型，比如传统的纸笔评估、在线测验和测试、绩效任务评估，教师可以根据课堂实际情况和学生学习水平选择合适的评估类型。同时，这种形成性和总结性评估的多种选择对学生也有一定的帮助，它可以让学生全方位地了解自己的学习情况。

（三）实施效果

从数据上看，2016—2022 年，ConnectED 学习平台已有超过 500 万老师和学生使用，超过 100 万次的作业和测试在 ConnectED 学习平台上完成。目前，ConnectED 学习平台里共计有 680 多门课程，涵盖了经济管理、理工和人文社科领域里的 71 个学科。平台的一级学科分类见图 1。

```
┌─────────────────────┐  ┌─────────────────────┐  ┌─────────────────────┐
│     商业与经济       │  │  人文、社会科学与语言 │  │   科学、工程与数学   │
│  会计学  商务沟通    │  │  人类学  发展英语    │  │  农业和林业  自然科学 │
│  管理信息系统 商业数学│  │  卫生专业  刑事司法  │  │  生物科学  工程技术  │
│  商业统计与分析 商业法│  │  艺术  学生职业发展  │  │  解剖学与生理学  化学│
│  计算机与信息技术 金融│  │   心理学  教育      │  │  地理与环境科学  物理│
│  管理 决策科学与运营管理│  │  健康与人类  美国历史 │  │  数学与统计学 计算机与信息技术│
│  商业概论 营销 经济学 │  │  影视  西方文明与欧州历史│  │                   │
│                     │  │  通信  哲学与宗教    │  │                     │
│                     │  │   音乐  社会学      │  │                     │
│                     │  │   世界历史  营养    │  │                     │
└─────────────────────┘  └─────────────────────┘  └─────────────────────┘
```

图 1　ConnectED 学习平台的一级学科分类

基于 500 多名教师顾问和来自主要课程领域的 100 多个案例研究，ConnectED 获得了大部分人的认可。根据调查数据，97% 的受访学生认为 ConnectED 有助于他们学习新概念，也很愿意继续通过平台学习课程内容。

四、案例特点与创新

ConnectED 学习平台极大地拓宽了学生学习探究的时空范围，促进学生自主学习，提高了科学课程教学质量和学生的科学素养，其特点与创新点主要体现在以下几个方面。

第一，可以提供有效、高效的学习。ConnectED 学习平台的集成自适应智能图书可以帮助学生更有效地学习，该系统不仅突出显示章节中的重点，而且还可以提出复习问题，为学生推荐其他资源，直到学生完全掌握学习内容。因此，该平台可以帮助学生更有效、更方便地学习课程内容。

第二，可以提供培养学生思维的优质资源。ConnectED 学习平台的高质量解决方案旨在帮助学生积极参与课程内容，并培养更高水平的批判性思维技能，同时灵活地为用户提供定制课程，以适应教师的教学方式和学生的学习方式。基于该目的，ConnectED 学习平台非常注重学生对于学习资源的获取。它不仅可以提供配套系列教材的内容，而且还可以为学生推荐更多适合学生的个性化学习资源，从而培养学生的思维。

第三，可以提供实时的分析报告。ConnectED 学习平台配有可视化和可操作的仪表板，它不仅可以帮助学生监控自己的学习进度，而且还可以提高学生的学习注意力。该仪表板还可以生成可视化报告，以为教师和学生提供实时性能分析，帮助教师及时反思并优化自己的教学方式，帮助学生及时订正错题，紧跟老师的教学思维，同时寻找适合自己的学习方式。

第四，可以实现随处阅读。ConnectED 学习平台自嵌 Read Anywhere 应用程序，它可以实现移动阅读和离线阅读功能，使学生可以随时随地通过移动设备灵活地学习。这种碎片化的学习方式，不仅简化了学生的学习配置，方便了学生的学习，而且还可以让学生想学就学，逐步实现学生从知识量变到知识质变的转变，从而提升学生的学习效果。

第五，可以实现无缝集成。ConnectED 学习平台与所有主要的学习管理系统集成，提供单点登录以实现无缝的学生体验和成绩簿同步，以使教与学工作井井有条。这种方式不仅减轻了教师的工作压力，同时也为学生建构了个性化的学习图像，让教师、学生和家长能够随时了解到学生在该阶段的学习状态及进步情况。

第六，可以构建个性化的学习路径。随着 ConnectED 学习平台智能书（SmartBook）工具的不断发展，目前已达到 2.0 的版本，它为师生创建了一个安全的学习空间，以帮助学生建立信心。在这种环境中，学习者可以通过即时和有意义的反馈来培养自我意识，这有助于指导他们走向成功的道路。SmartBook 2.0 独特的提问方法可提高学生的理解力和记忆力，使其优于市场上其他自适应学习工具。它可以向学生提出具有相关想法的不同问题，一旦

第 3 章　学习环境和资源建设案例

学生表现出对概念的理解，相关的问题就不再呈现；如果学生仍未掌握某个概念，重复、相关的问题就有可能出现，以限制猜测和死记硬背。同时，对于教师来说，可以借助该工具轻松安排课前作业、测验和考试，为学生做好准备并为成功做好准备。

五、案例经验与启示

ConnectED 学习平台是学生随时随地的学习伙伴，老师通过平台对学生进行个性化的引导，让学生通过查看录制的授课视频、互动的电子版教材及其他资源进行有序的学习。这种以学科大概念为核心的学习平台所体现出来的开放性、主动性和动态性是值得我们借鉴的。我们可以构建具有丰富教学内容和教学活动的系统化的网络学习资源，依靠平台的互动性，助力学生深入理解概念知识。同时又不限于课本中的知识资源，还可以为学生提供与学科有关的行业知识，从各方面提高学生的科学综合素养。

同时，还可以基于 ConnectED 学习平台的模式，使学生主动参与到学习活动中，减少教师的过多参与，实现真正意义上的"以学生为中心"的学习，完全由学生进行自主学习。教师在其中承担脚手架的作用，及时给予学生纠正、反馈，引导学生更好地进行自定步调的学习。

此外，ConnectED 学习平台提供的资源是动态的，非常符合学生的个性化自主学习的需求。我们构建网络学习资源时，也可以为学生提供海量的动态更新的学习资源，充分满足学生的学习需求。同时，平台的动态性也可以让学生将学习内容上传至共享模块，与教师进行实时交流和沟通。

案例 3.3　Blackboard 数字化教学平台

案例名称	Blackboard 数字化教学平台
实施时间	20 世纪 90 年代末至今
主要实施者	各大高校
实施对象	学生
相关网址	https://www.blackboard.com/

一、案例基本信息

Blackboard Academic System™（简称"Bb 平台"）是由美国 Blackboard 技术公司开发的数字化教学平台，被广泛认为是业内领先的课程主导型管理系统，支持教师和学生在多媒体、网络组成的平台内进行各种课程方面的交流。

二、案例概述

Blackboard 技术公司（简称"Bb 公司"）是全球最大的网络教育解决方案和服务提供商，于 1997 年在美国华盛顿创立，经过不断地发展，在全球范围内与涉及基础教育、高等教育、职业教育、企业培训的上万家机构在教育信息化领域建立了密切的合作关系。作为网络教育领域的领导者，Bb 公司长期致力于充分利用

第3章 学习环境和资源建设案例

互联网信息技术手段改善教育过程中教与学的体验，为全球范围内的教育机构提供领先的网络教学全面解决方案和服务。全球著名的高等院校中有 70%以上在使用 Bb 平台[①]。借助该平台，任何教师、学生和研究者都可以随时随地地浏览内容、获取资源、评估教学效果、实现彼此的协作。平台可以帮助教师在线授课、测验、检查作业；帮助学生通过各种论坛与师生进行学习交流，巩固学习成果，增进学习兴趣。一句话，Bb 平台能使师生更好地进行课业交流，达到自主学习、教学相长的目的。

Bb 平台以课程为核心，每一课程都具备教学组织管理、交流互动工具、考核管理、管理统计四个独立的功能模块。教师可以在平台上开设网络课程，学习者可以根据需要选择课程并进行自主学习。不同的学习者以及教师和学习者之间可以根据教、学的需要进行讨论、交流。Bb 学习平台以使用者为中心，学习者和授课教师均可以根据自身需要定制个性化学习环境；教师可通过设置特色工具，吸引学生积极参加，使学生保持对学习的高度热情；平台辅助教师教学，使备课的效率提高，教学活动的实施效率提高；教师可通过跟踪学习记录、收集数据、运行报告进行统计和分析，随时监督学生的学习过程。Bb 平台的课程界面见图 1。

---

① 胡英慧，袁磊，吴祥恩. 国内外 BlackBoard 平台课程建设现状分析及展望. 软件导刊, 2017, 16(9): 202-204.

· 109 ·

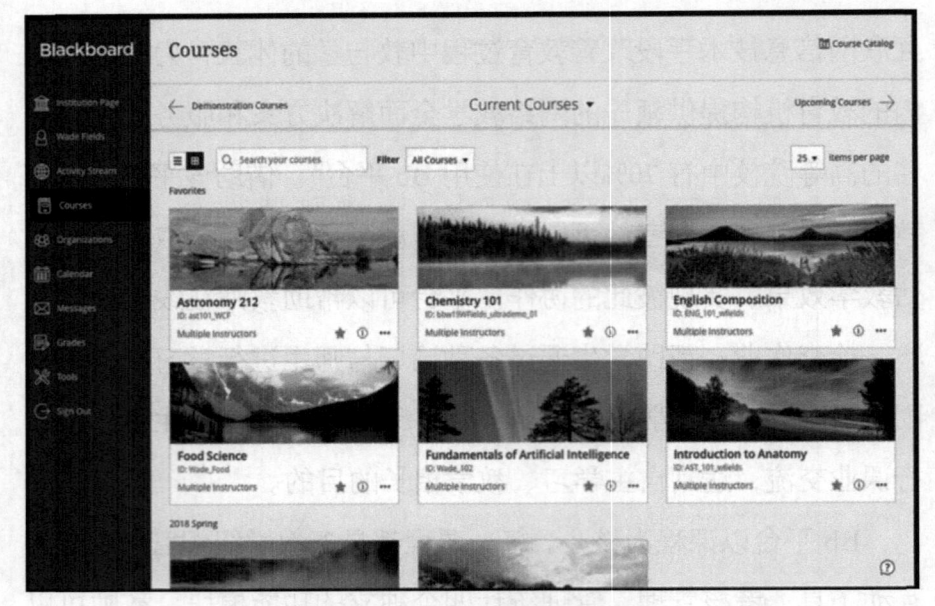

图 1　Bb 平台课程界面

三、案例实施与推进

（一）实施背景

Bb 公司致力于帮助院校打造真正的互联互动的网络学习环境，在这个环境中，用户可以打破时空的界限，随时随地浏览课程内容、获取课程资源、评估教学效果、实现协作学习。Bb 公司基于网络学习环境的理念，体察全球各类院校的实际需求，结合其在数字化学习（e-Learning）行业多年的经验，设计打造了 Bb 平台。平台由三大板块组成：Bb 教学管理平台、Bb 门户社区平台、Bb 资源管理平台。这三个板块涵盖了院校教学信息化涉及的各个层面的需求，以教学、联系、分享为核心目标，向用户提供了一套综合、完整、优化的解决方案，是一个能给教师和学生带来无限应用、交流、创新的数字化教学平台。国外高校的 Bb 平台建设自 20 世纪 90 年代开始，后发展日渐成熟。在国内，Bb 公司也已经成功地为北京师范大学、华南师范大学、西南大学、中山大学等高校用户构建了相应的网络教学平台。

（二）实施方案

Bb 教学管理平台是专门用于加强网络教学，提供互动、交流的网络教学平台。其作为 Bb 公司推出的专业教学平台产品，在完善教学的功能外，更增加了交流、评价等关键环节的应用，强大的易用性和丰富的功能模块，使教师可以有效地管理课程、制作内容、创建和布置作业、加强协作，使学生可以轻松学习、快乐交流、热情参与，帮助学校实现网络教学的现实控管和效率提升，使教与学更富乐趣、更有效果，不再受空间和时间的限制。

教学是所有教育、培训机构的核心业务，教与学的质量和成效将直接影响其知名度和认可度。为了提高教与学的效率，提升教与学的质量，Bb 教学管理平台推出了一系列好学易用的功能，从课程的分析设计开始，后续涉及课程的制作、编辑、发布、管理，还有针对学生设计的学习单元设定、个人信息管理等功能，老师不必再为网络课程建设耗费太多的精力，不必在建设课程外还要额外花时间精力向学生普及使用方法。

Bb 教学管理平台支持异步交流（讨论板工具）和同步交流（虚拟课堂），突破时间和空间的限制，帮助师生实现随时随地沟通交流、传递资源信息、解惑答疑、分享心得、创造革新。同时，通过增加的协作工具，老师可以把学生分成不同的小组，并为各个小组配备合作工具，确保学习和项目分工可以高效、顺利地进行。

"评价"是对教与学的成果检验最全面、直接的方式。老师通过创建测验试题和作业工具，配合系统自带的自动评分机制，方便地进行评分、统计等操作，还可增加平台外的成绩、生成成绩报告等。新增的防抄袭工具能有效检测抄袭痕迹，从而有助于预防学生抄袭行为。学生则可以通过自动存放在电子成绩簿中的成绩直接了解自己的学习情况，以便发现不足，后期改进。

国 外 案 例

新泽西州立罗格斯大学早期在在线教育方面主要是与一家提供在线项目管理的公司合作。随着高校竞争逐渐激烈，罗格斯大学几个在线招生项目遇到了困难，生源短缺。为确保罗格斯大学在线教育领导者的地位，最大限度地提高投资回报，罗格斯大学董事会决定与 Bb 公司展开合作。为更好地了解市场和罗格斯大学在其中的地位，Bb 公司对罗格斯大学在线学位和招生趋势、学费和开学日期、营销支出等项目进行了逐个的分析。全面的市场格局分析为罗格斯大学提供了用户对在线课程的需求类型、对在线课程感兴趣的学生类型以及对竞争格局的更全面的了解。对于大学范围之外的领域，如市场研究和市场营销、招生辅导和留任辅导，罗格斯大学则以付费服务的方式，依赖于 Bb 公司的在线课程体验作为解决方案。Bb 公司这种分模块分析的模式使罗格斯大学开展在线课程的策略更具灵活性。自与 Bb 公司合作以来，罗格斯大学的在线教育不仅迅速扭转了入学率的下降趋势，而且达到甚至超过了招收潜在学生的预期目标。招生组联系了超 6000 名潜在学生、联系每个潜在学生的成本比预计低近 50%。罗格斯大学实现了显著的成本节约和在线项目投资的更高收益。根据自推出以来的媒体支出和注册人数，罗格斯大学同 Bb 公司的合作产生了 4.8 倍的投资回报[①]。

辛辛那提大学每年有近 3.5 万名新生入学，这使得其成为美国规模最大的百所高校之一。通过与 Bb 平台的合作，辛辛那提大学的师生在课堂内外的管理与评价方面得到了便捷与成功。正

---

① Rutgers Maximizes Online Enrollment and ROI in Move from OPM to Blackboard's OPX Solutions. https://www.blackboard.com/resources/rutgers-maximizes-online-enrollment.

如辛辛那提大学 e-Learning 技术员所说的，"有了 Bb 平台，与互联网相连的任何学生均可以参与教学辅导和研讨，访问各种学习资料，并在线提交作业"。

辛辛那提大学学生会通过 Bb 平台便捷的投票功能征求学生意见，请开发团队在学籍注册系统中增添了一个新功能：学生在选课时可以预览课程大纲。由此诞生的"课程预览"工具可以显示 9 项课程信息，包括课程形式、教材、评分方法等。课程形式包含该门课程是以教师讲授、实践教学为主，还是以讨论或实验操作为主。评分方法则包含考试、测验、家庭作业、论文或出勤率等。

在一项 6000 多名学生参与的评价使用 Bb 平台对教师的重要性的调查中，超过 90%的学生认为使用 Bb 平台对教师教学重要或者十分重要。全校 85%的学生至少选择参与一门 Bb 平台的课程，每学期有近 4000 门课程利用 Bb 平台的系统资源。[①]

国内案例

2007 年，北京大学现代教育技术中心率先组织人力对国内外大学使用的网络教学管理平台进行全面调研，最终确定选用 Bb 平台作为本校的网络教学平台。基于 Bb 平台而建立的"北大教

---

① Blackboard 辛辛那提大学案例. https://www.docin.com/p-54271768.html.

第 3 章　学习环境和资源建设案例

学网"（图 2）历经多年，现已成为北京大学信息化教学的重要组成部分、各类课程的集成站和师生公认的教学平台，教学应用效果也得到国内外一致认可。

图 2　北大教学网

2022 年春季，中国海洋大学依靠 Bb 平台建立混合在线教学模式。其中，对于 Bb 平台的应用主要包括教学安排通知、签到考勤、布置和评阅课后作业、成绩评定、共享学习资料等。教师

·115·

通过 Bb 平台可为学生提供丰富的结构化课程资源，并积极开展在线教学活动，组织线上教学与指导、布置学习任务，并及时对学生学习情况进行反馈，确保学生在线学习的学习质量，提高教师教学的效率。

（三）实施效果

Bb 平台的界面直观，工具简单易用，使用门槛较低，在全球范围内被用户迅速、广泛地接受。教师可以自主设计课程的内容和界面，实现个性化的教学；借助监控功能，教师可以掌握学生访问教学资源、参与互动的情况，及时调整教学并帮助学生灵活、便捷地展开学习。截至 2021 年，Bb 公司通过与全球最大的教育科技生态系统 Anthology 的结合使用，为约 80 个国家/地区的 1.5 亿用户提供着教育支持。

通过 Bb 公司的在线课程体验方案，新泽西州立罗格斯大学的在线教育实现了 4.8 倍的投资回报，而且获得了各个阶段的充分的数据及数据分析结果，因而取得了巨大成功。目前，辛辛那提大学对 Bb 平台的使用远超美国大学的平均水平，90%的学生以及 2/3 的教师每学期都依托 Bb 平台从事学习、教学活动[1]。在创

---

[1] Rutgers Maximizes Online Enrollment and ROI in Move from OPM to Blackboard's OPX Solutions. https://www.blackboard.com/resources/rutgers-maximizes-online-enrollment.

建世界一流大学和学校教学改革的契机下，北大在教学网上新增研发成熟教学工具，如在线课堂、虚拟教室、移动学习、实录视频点播、师生互动墙等，灵活方便地进行教改活动，推动教授手段方式的创新，加快了北大教学信息化的进程。

四、案例特点与创新

第一，打破传统教学的时间限制。用户认为 Bb 平台是"教师友好的工具"。Bb 平台简单易用，本地化功能强，将多媒体的网络学习资源、网上学习社区以及网络技术结合于一体，形成一种全新的网络学习环境。新功能还增强了教师对测试行为的控制，使他们能够确定学生何时可以查看他们的提交、教师反馈和成绩，更灵活地支持学生的自我表达，更智能地传递教师给予学生的反馈信息。使用 Bb 平台的解决方案，家庭和社区成员可以及时共享学生的特定信息、获知相关新闻，为学生创造积极和支持性的学习环境。

第二，优化课程资源的配置。Bb 平台汇集了大量的数据、档案资料等学习资源，并设有兴趣讨论组、新闻组等，这些共同形成了一个高度集中的资源库，轻松实现了信息资源的交流与共享。Bb 平台直观的界面，简单易用的工具，是其能够被广泛采用的主要原因。Bb 平台操作门槛低，教师只要会使用浏览器和收发邮件，便可使用 Bb 平台的网络教学。这样在减少教职工和学生的使用障碍的同时，也降低了培训成本。在管理方面，管理维护简单，对技术人员的依赖程度低，大大减少了技术维护支持的成本，提高了高校的教育投资回报率。

第三，跟踪检查教学质量。Bb 平台提供了 SaaS（Software as a Service，软件即服务）客户有效管理 EdTech（教育科技）平台所需的基本方法和数据，很大程度上增加了使用平台的潜在客户数量，课程内容也因此更加丰富，提高了教师与学生的效率。教师通过 Bb 平台能够准确了解学生参与专题讨论的次数，跟踪学生的访问次数、课程浏览的次数，量化学生的参与度，有利于建立多元评价体系。其在线测试功能可有效帮助学生对自己的学习效果进行自我评价，以督促学生积极参加协作学习，培养学生的合作精神。

五、案例经验与启示

基于 Bb 平台构建的教学模式是多种教学理论、方法与信息技术的深度融合，在具体的教学实施中取得了显著的教学效果。Bb 平台以学生为中心，教学目标更加明确，有利于发挥学生的主体积极性和自主性；同时强调基于信息技术的课前课后学习与课堂学习并重，设计了针对学生学习的形成性评价；注重交流与反馈，强调及时调整教学内容与方法，进行针对性的教学；对教师提出了新的挑战，在驾驭信息技术能力、教学设计能力、教学组织能力等方面提出了更高的要求。

慕课、翻转课堂、微课的快速发展为国内网络平台课程建设提供了建设与发展方向，而 Bb 平台的课程在本质上同属于网络课程，对我国在线教育平台的建设具有重要的参考意义。国内高校的网络课程建设与使用可以借鉴、参考 Bb 平台的建设，规范课程的建设标准。以样板课程、精品课程建设为引领，促进教师快速掌握在线课程平台的建设方法，培养使用热情，逐步实现基于网络平台课程建设的个性化教学。高校网络平台课程的建设标准，需要结合高校课程建设的现实情况，与学校教育信息化发展方向一致。在网络平台课程建设初级阶段，以教学资源建设、教学活动、课程概况、教学任务为主。随着课程建设逐渐深入，再加大教学设计和教学评价的比重，最终达到网络教学因材施教、精准教学的目的。

案例 3.4　美国匹兹堡大学开放实验室

案例名称	美国匹兹堡大学开放实验室
案例范围	匹兹堡大学
实施时间	2020 年
主要实施者	匹兹堡大学教学中心创客空间团队
相关网址	teaching.pitt.edu/open-lab/

一、案例基本信息

美国匹兹堡大学的开放实验室，为整个社区的学生与教职员工提供多样的新兴技术与设备方面的资源支持，帮助他们开展创客教育活动，促进学生在实践中进行学习，从而有助于学生多方面能力的发展。

二、案例概述

匹兹堡大学开放实验室的创客空间团队为整个社区提供新兴技术的实践培训，支持学生、教职工开展创客教育活动。为了应对疫情，该团队设计了异步在线培训模块，将在线培训和远程学习纳入创客空间的实践文化，以此帮助学习者在无法直接使用开放实验室设备的情况下，能够将有关设计方案交于创客团队代为

第 3 章　学习环境和资源建设案例

执行，并将成品以无接触的方式给予学习者，以此满足学习者的需求。

在学生及教职工返校后，该团队又将这些资源整合为不断发展的混合培训策略，包括在线学习模块、在创客空间开展实践学习，并且允许个人选择学习的方式、地点和时间，满足学习者个性化学习的需求。

开放实验室网站首页如图 1 所示。

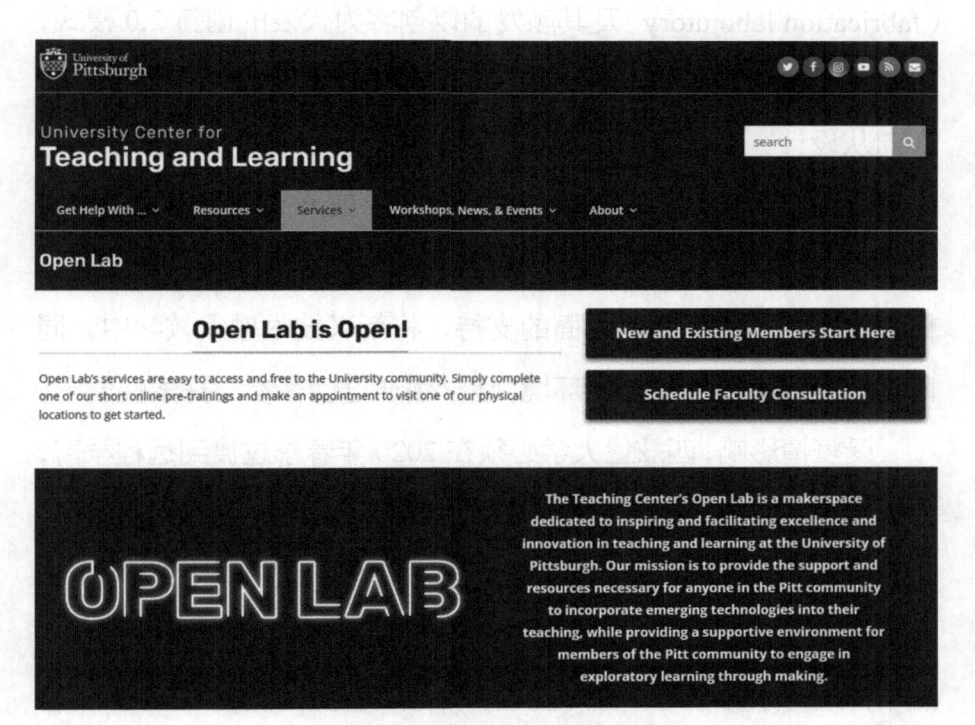

图 1　开放实验室网站首页

三、案例实施与推进

（一）实施背景

技术的进步、社会的发展，推动了科技创新模式的嬗变。传统的以技术发展为导向、科研人员为主体、实验室为载体的科技创新活动正转向以用户为中心、以社会实践为舞台、以共同创新、开放创新为特点的用户参与的创新 2.0 模式。而微观装配实验室（fabrication laboratory）及其触发的以创客为代表的创新 2.0 模式，正是基于个人通信—个人计算—个人制造的社会技术发展脉络，面向从设计、制造，到调试、分析及文档管理各个环节的用户，创造以用户为中心的新环境。匹兹堡大学的开放实验室正是教学中心在此背景下建立的一种创客空间，其使命是为所在社区的任何人提供必要的资源等方面的支持，将新兴技术融入教学中，同时为社区成员提供支持性环境，让学生通过创客参与探索性学习。

受疫情影响，匹兹堡大学必须在 2020 年春季过渡到远程学习，作为创客空间文化标志的"在实践中学习"在当时变得不切实际。由于学生无法进入校园、实验室，开放实验室团队陷入了困境：如何继续为社区提供新兴技术、资源和支持性环境，让学生在创客实践中开展探索性学习？面对挑战，开放实验室团队在 Canvas 平台上推出一个数字学习空间：OpenLab@Canvas。这使得学生、教职员工即使无法进入校园的创客空间,也能继续学习与创客相关的知识与技能。待师生们返校后,该团队将在线学习模块融入混合教学策略中,支持选择学习时间、地点,满足个性化学习需求。

(二)实施过程

从概念上讲,创客空间是围绕共同的实践经验构建的,个人在实践中学习,同时相互学习。开放实验室创客空间团队凭借 3D 打印、全景视频、虚拟现实、激光切割与雕刻等多种设备与技术,为社区所有人提供资源以支持其开展创客教育活动、进行创意设计,将想法转化为实践,在此过程中发展多方面能力。但当学习者无法进入实际创客空间、接触资源或技术时,如何继续教授有关设计、制作和新兴技术的技能?在线或远程教授实验室课程等的实践技术长期以来一直是在线教育非常关注的问题。

由于疫情的影响,匹兹堡大学在 2020 年春季过渡到远程学习,开放实验室团队借此机会创建了在线学习模块,以便匹兹堡大学的学生、教职员工可以继续学习与创客相关的技能。学习科学家和教学顾问塞拉·桑顿领导了在线培训创建工作,并教她的队友和学生员工使用逆向设计(一种教学设计方法)来确保模块与他们想要的学习目标保持一致。这些模块侧重于使用开放实验室创客空间中常用的设备和软件所需的技能。例如,关于奥杜比矢量图形软件基础知识的模块,包含如何使用矢量图形软件进行产品设计、如何安全有效地使用激光切割机和雕刻机的模块等。并且这些模块是异步的，学习者可以在任何时间、地点进行学习，并通过自动评分测验系统获得对学习目标掌握程度的即时反馈。

学习者可以完成相关的在线模块，然后将他们的设计方案提交给开放实验室团队，团队成员将使用 3D 打印机、激光切割机、雕刻机或乙烯基切割机代为执行学习者的设计方案。这一套在线模块使得团队能够持续地专注于发展学习者的知识技能，尽管学习者无法操作创客空间的设备。

2021 年秋季，学生及教职工已经返回校园，但开放实验室选择继续使用这些在线模块，要求学习者在使用创客空间的设备之前先完成在线培训，这使得开放实验室能够在小型创客空间中为每个人提供更多的个人空间，并且逐步过渡到混合模式：学习者既可以选择合适的时间、地点进行面对面的设备使用培训，又可以继续选择在线培训。

（三）实施效果

在创客空间多种技术与设备的支持下，学生与教职员工开展了多项创客实践活动，包括 3D 打印、全景视频、虚拟现实、激光切割与雕刻等。他们积极参与活动，将想法付诸实践，最终将设计创意成功地制作出来。在此过程中，动手实践、合作交流等多方面的能力得以发展。

应用案例一：学生设计 3D 大脑模型被用来学习和教授神经解剖学[①]

艾丽卡·范斯洛博士教授一门神经解剖学的小型荣誉课程[②]。长期以来，她的学生一直努力从大脑内许多结构的二维表征中形成关于大脑整体结构的完整图景。这些不同的结构被编织并互锁在一起，形成一个对大脑功能至关重要的整体结构。对于医生来说，熟悉这些结构如何连接十分重要，因为如果医生知道这些结构都在某个特定的地方接触，那么可以通过几个不同的大脑结构缺陷的症状确定肿瘤的位置。

当范斯洛接触到 3D 建模和打印时，她意识到这是她需要的技术，这能够让学生了解、熟悉、可视化大脑的 3D 结构。同时，她也期望绘制出的新 3D 模型与已存在的大脑结构 2D 图示产生知识上的联系，而不是简单地向学生展示大脑结构的 3D 打印模型。她还认为，在未来医生的职业生涯中，利用 3D 打印技术创建医疗模型将成为重要部分，具有实现个性化医疗的潜力。

因此，范斯洛在她的课堂上引入了一个新的模块：在小组活动中，学生从各种 2D 图示和大脑横截面中测量选中的大脑结构

[①] Open Lab Assists with 3D Printed COVID-19 Models. 2021-03-18. teaching.pitt.edu/featured/open-lab-assists-center-for-vaccine-research-with-3d-printed-covid-19-models/.

[②] 荣誉课程：American Honors，通识教育的高级课程。

或结构簇，并使用 3D 建模软件 TinkerCAD 将这些数据转换为虚拟 3D 模型。开放实验室的团队向全班教授 TinkerCAD 建模的基础知识，然后与范斯洛一起指导学生了解 3D 打印的复杂性和注意事项，学生因此而学会如何将虚拟 3D 模型转换为物理模型。

范斯洛说，当学生通过模型直观地看到他们一直在学习的大脑结构如何组合在一起时，学生表现出来的对知识的理解能力十分出乎意料。范斯洛将学生打印的第一个模型作为原型，通过原型能够更好地了解学生对这些结构的概念掌握情况，并提供反馈。然后，学生将这些反馈整合到他们最终的打印模型中，利用这些模型讨论结构和反思学习过程。

应用案例二：开放式实验室协助 3D 打印的 COVID-19 模型[①]

开放实验室的新兴技术专家威尔·鑫森为研究人员 3D 打印了两个模型：冠状病毒模型和新型冠状病毒刺突蛋白。疫苗研究中心的主任、微生物学和分子遗传学教授保罗·杜普雷克斯在一档节目曾借助新型冠状病毒刺突蛋白模型解释了病毒的突变。刺突蛋白的打印花了近 6 天时间，该模型约 5 英寸（≈12.7 厘米）

[①] Open Lab Assists with 3D Printed COVID-19 Models. 2021-03-18. teaching.pitt.edu/featured/open-lab-assists-center-for-vaccine-research-with-3d-printed-covid-19-models/.

高，是其原始尺寸的 800 倍。威尔·鑫森以美国国家卫生研究院的新型冠状病毒模型为基础进行 3D 打印。先要打印尖峰蛋白，然后将整个 3D 打印件浸入水中（以溶解周围的材料），风干后再涂上多层油漆，如此反复循环，最终完成了模型的打印。

应用案例三：运用全景视频开展教学活动[①]

在雅克·布洛姆伯格教授的带领下，学生们在西西里岛留学期间，参观、体验和研究考古遗址。依托开放实验室的帮助，他们不只是简单地完成了研究论文，还创建了一个 360 度的全景视频。在制作教育资源来分享成果时，学生们学会了空间思维，并且在前沿技术设备的支持下，发展了自身的多方面能力。

应用案例四：基于虚拟现实技术开展教学活动[②]

虚拟现实是促进知识学习的有力工具，也是促进学生与教师之间相互交流的方法。匹兹堡大学的教师以多种方式将虚拟现实用于课堂课程。基于谷歌地球的虚拟现实应用程序，斯拉夫语言课程的学生访问俄罗斯的相关网站，浏览莫斯科的街道；与小组

[①] teaching.pitt.edu/open-lab/360-video/.
[②] teaching.pitt.edu/open-lab/virtual-reality/.

成员一起交流圣彼得堡的古迹和他们在那里遇到的游客；中国艺术课程的学生参观了敦煌的佛教石窟。

希尔曼拥有 5 个固定虚拟现实站，最多可容纳 25 名学生。开放实验室创客团队可随时帮助学生正确使用虚拟现实设备并体验所选择的课程内容，并最大限度地减少因不熟悉技术而造成的障碍，以优化学生的学习体验。一些教师可以选择给学生布置探索虚拟现实体验的家庭作业。

四、案例特点与创新

第一，集成多样的设备、技术资源。开放实验室创客空间提供丰富的技术、资源，包括 3D 打印设备、全景视频设备、虚拟现实技术、乙烯基切割设备、激光切割和雕刻设备等，以为学习者提供支持，使得学习者能够在实验室中开展实践性、探索性学习。

第二，多种技术支持在线教育的开展。开放实验室团队集成了多种技术为在线教学提供支持，包括全景图、视频、Flipgrid 视频平台、Zoom 白板、异步视频工具等，学习者通过在线学习创客空间的多种设备习练技能，以便在实际进入创客空间时，能够快速进行设备的操作，实现创意设计与想法。

第三，发展在线教育，向混合式教学过渡。将在线学习模

第3章 学习环境和资源建设案例

块进一步发展,逐步过渡到线上、线下的混合学习模式,并且允许个人选择学习的方式、地点和时间,充分发挥线上与线下教育的优势,有效提升学生的多方面能力,满足个性化学习需求。

五、案例经验与启示

疫情初起时,匹兹堡大学开放实验室的创客团队建立了在线学习空间,以支持学习者通过在线学习模式学习创客相关的知识、技能,并且可将设计方案反馈给创客团队,以使团队在创客空间代为实施这些设计方案,以此有效地支持学习者开展学习,即使其无法直接接触到实验设备。在学习者重返校园后,创客团队也并未放弃线上的功能,而是继续优化线上平台,采用多种技术手段,采取混合教学模式开展教学活动。

建议我国有条件的高校也开展类似的经验丰富的实践活动,构建类似的在线学习空间,以支持学生的动手实践需求,维持做中学的导向,满足学生的需求;可以把线下课程与线上课程结合起来,充分发挥线上和线下教育的各自优势,使教育更符合每个学生的特点并让学生学会学习;采取混合式教学模式,尤其是建立新型的类开放实验室,让学生能够基于实验室开展更有效的学习。这样能够使学生在学习的过程中受到潜移默化的影响，保持足够的学习动力，有效提升学生的自主学习能力、协作学习能力、探究式学习能力、碎片化学习能力及趣味性学习能力等。

第 4 章

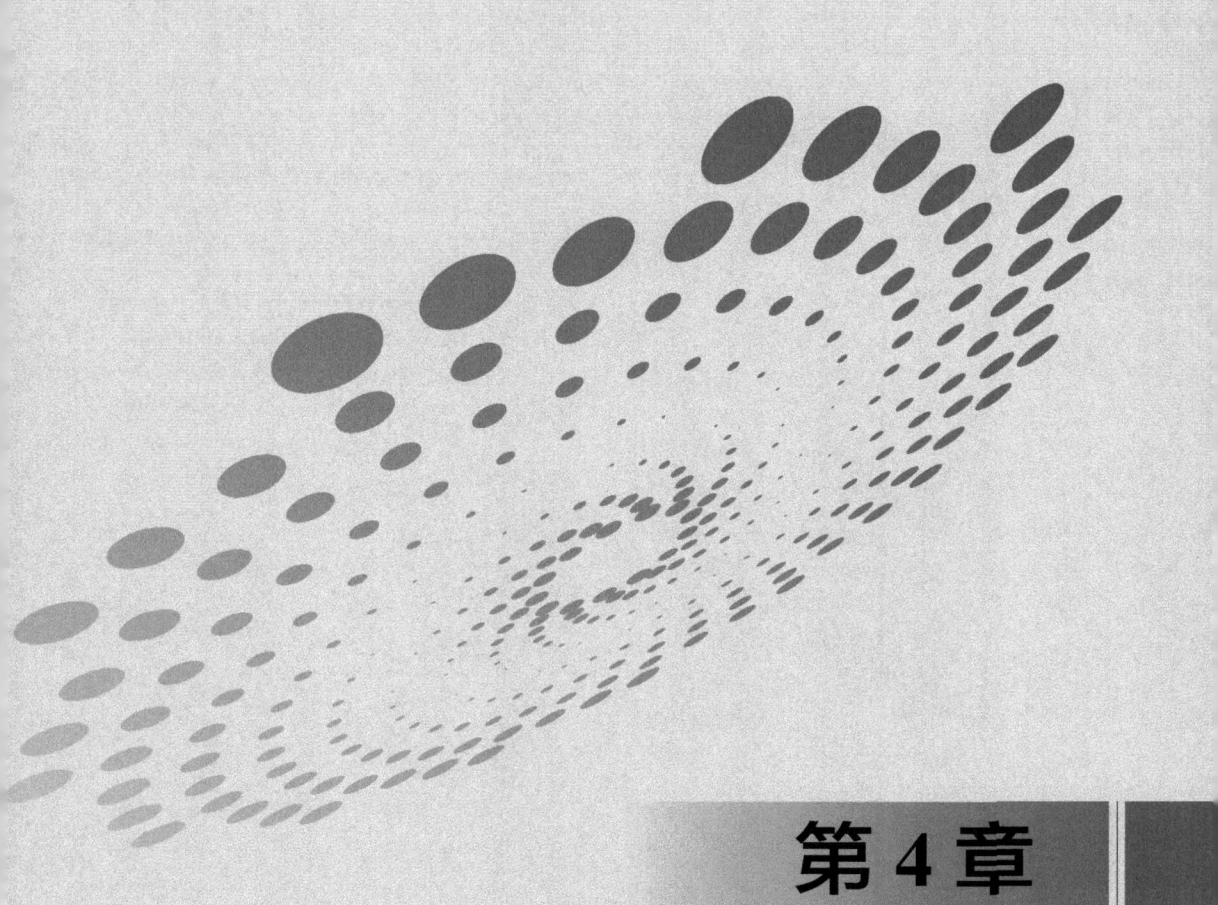

师生数字素养提升案例

第 4 章 师生数字素养提升案例

案例 4.1　欧盟学生群体数字素养与技能项目

案例名称	欧盟数字技能加速器项目（Digital Skills Accelerator，DSA）
实施地区	欧洲
实施时间	2017 年至今
主要实施者	欧盟
实施对象	欧洲学生群体
相关网址	https://www.digitalskillsaccelerator.eu

一、案例基本信息

数字技术是当代工作和社会生活的定义元素之一。在数字素养与技能需求导向下，欧盟提出了面向学生群体的数字素养与技能项目，下面主要以 DSA 项目为例进行说明。DSA 项目将学生置于发展、掌握技能的主导地位，培养、提高学生在特定领域的技能，将对学生个人和职业发展的其他领域产生积极影响。本案例对欧盟的 DSA 项目进行了具体的介绍。

二、案例概述

DSA 是面向学生群体的数字素养与技能项目，由欧盟伊拉斯谟计划资助，波兰、比利时、西班牙和爱尔兰等地的多个组织共同参与。通过了解整个欧洲成员国的既定需求，DSA 旨在解决欧盟年轻人的数字技能差距过大的问题,重点是改善他们的就业前景。

DSA 项目结合了与欧盟数字能力框架一致的自我评估工具和被称为"基本数字技能工具包"的数字技能开放培训课程。任何有兴趣评估自己数字能力并达成对数字技能基本理解的人,都可以通过自我评估和培训提升自己的数字技能。基于欧盟数字能力框架及其六个能力领域的自我评估工具,确定应优先发展学生哪些领域的数字技能,促使学生提高自身数字素养。此外,DSA 项目致力于通过为学生提供多媒体学习环境,促进学生提升信息和通信技术方面的技能,努力解决学生之间数字技能的鸿沟。

三、案例实施与推进

(一)实施背景

近年来,欧洲经济整体对人才高级数字技能的需求不断增加,然而很多人还不具备充足的数字素养与技能。早在 2010 年欧盟就出台了《欧洲 2020 战略》,并将"数字欧洲"战略确定为欧洲的重要发展战略之一。欧盟又陆续制定了欧洲技能议程、欧洲教育区 2025 行动计划、数字教育行动计划等多种战略规划,明确了全民数字素养与技能培育目标，提出并完善公民数字能力框架与教育工作者数字能力框架，营造了引领与支撑全民数字素养与技能培育的政策环境。在全民数字素养与技能培育进程中，欧盟主要以项目驱动的形式提升全民数字素养与技能，其中，DSA 项目是面向学生群体的数字素养与技能项目。

在线调查显示，28%的雇主认为学生对工作场所的数字技能并未做好充分的准备（图1）。[1]许多学生毕业前从未使用过现代办公日常所需的技术和软件，也缺乏相应的批判性思维和解决问题的技能，从而无法有效地使用它们。近些年，软件类型的整合推动获取信息和通信技术的技术技能转向解决问题、系统思维或数据分析等跨领域的技能，有助于学生熟练和灵活地使用信息和通信技术，并将对其个人和职业发展的其他领域产生积极影响。

伊拉斯谟计划支持欧洲教育、培训、青年和体育运动，它持续为欧洲数字素养与技能项目提供资金支持，明确提出将拿出 262 亿欧元的预算支持欧洲教育领域、数字教育行动计划和欧洲技能议程中有关数字素养与技能的项目和活动。[2]

---

[1] Focus Groups Online Surveys. 2018. https://www.digitalskillsaccelerator.eu/wp-content/uploads/2019/07/DSA-Infographic.pdf.

[2] Erasmus+. What is Erasmus+? https://erasmus-plus.ec.europa.eu/about-erasmus/what-is-erasmus.

第 4 章 师生数字素养提升案例

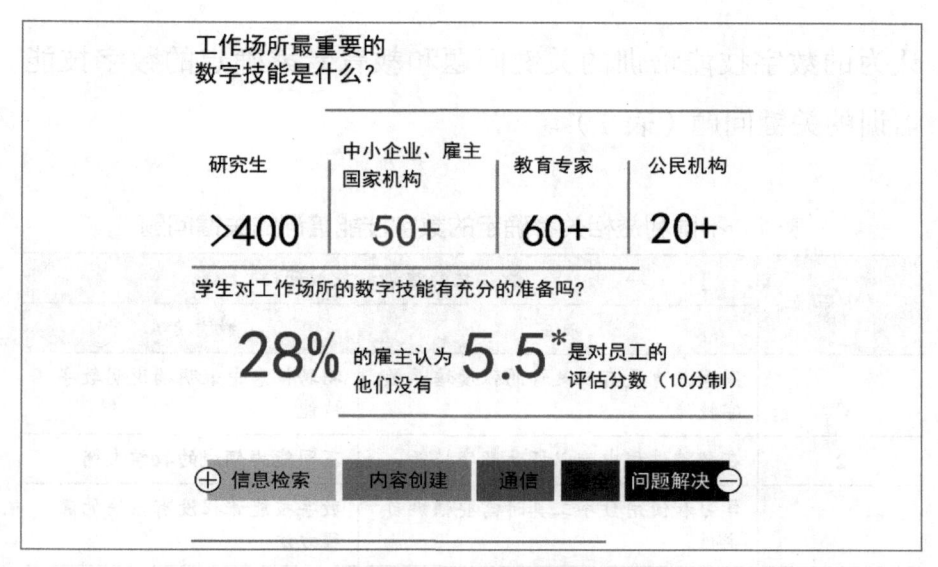

图 1 FOCUS 小组在线调查报告

（二）实施方案

1. 确定数字技能培养的关键

为了了解有关数字技能的信息，DSA 项目联盟制作并下发了三份调查问卷：雇主问卷、高等教育员工问卷、学生问卷。调查的主要目的是确定雇主、学生和高等教育员工所认为的工作场所中最重要的数字技能需求，即对雇主最有价值的需求。

通过在线调查，确定了工作场所中最重要的数字技能，以及不同利益相关者对不同技能的重视程度，从而得出了雇主所认为的数字技能培训的关键问题和教育专家确定的数字技能培训的关键问题（表1）。

表1 不同利益相关者确定的数字技能培训的关键问题

序号	数字技能培训的关键问题	
	雇主	教育专家
1	高等教育没有以足够的强度培养数字技能	招聘信息中未明确说明数字技能
2	在招聘过程中难以评估数字技能	不同能力领域的教学失衡
3	学习和使用数字工具时需要强调自主性	数字技能课程没有系统的课程方法
4		建议将情境学习或基于问题的学习作为最佳实践

除此以外还发布了《数字技能研究报告》[①]（图2），确定专业所需要的最有价值的数字技能。该报告确定和优先考虑与供求有关的信息。一方面，它包含了参与地区雇主所需的数字技能，以及那些最能促进使用者积极性的在线学习的技能。另一方面，它还包括提供数字技能培训的最佳做法以及学生学习者的偏好和需求。

该报告呈现了DSA项目智力产品的部分结果，具体描述了为

[①] Digital Skills Accelerator. Digital Skills Report. https://www.digitalskillsaccelerator.eu/learning-portal/digital-skills-report/.

第4章 师生数字素养提升案例

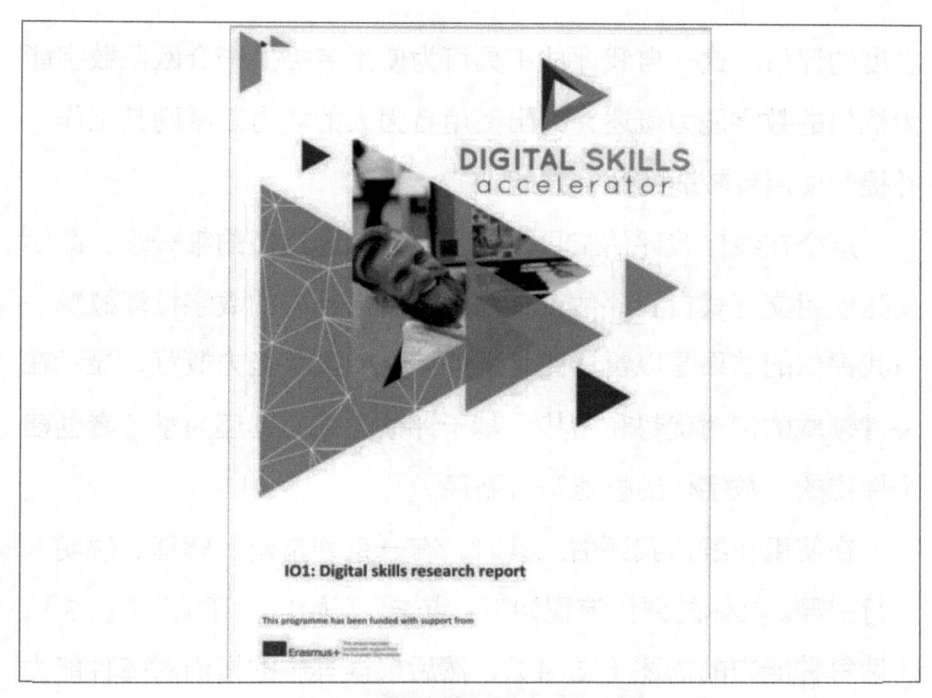

图2 《数字技能研究报告》

确定与数字技能培训相关的区域需求和最佳实践而开展的活动。该报告针对不同的利益相关者群体和重点群体进行了联合调查，旨在为培训材料的内容、设计和教学方法提供信息。

2. 提供在线自我评估工具，以确定自身当前数字技能概况

在线自我评估数字技能主要涉及对信息和数据素养、沟通与协作、数字内容创作、安全、解决问题5个领域的知识、技能与态度的评估。这一自我评估工具可为使用者提供符合欧盟数字能力框架的数字能力概述，突出使用者强大的能力以激励其工作，并提升使用者较弱的数字技能。

　　这个在线自我评估工具代表了数字加速路径的第一步，即学生先使用交互式自我评估工具来确定自己当前的数字技能概况。自我评估的结果是以雷达图呈现的综合的数字能力概览，显示在关键领域的相对优势和劣势。基于评估结果，其还为学习者创建个性化的、数字化的技能学习路径。

　　在使用在线自我评估工具时，有一系列指南、解释、说明来进行引导。具体的评估流程如下：点击"开始自我评估"（图3）；阅读每种能力的描述（图4），然后根据其中的指南对每种能力从1到6进行评分；阅读并完成自我评估大约需要30分钟。完成

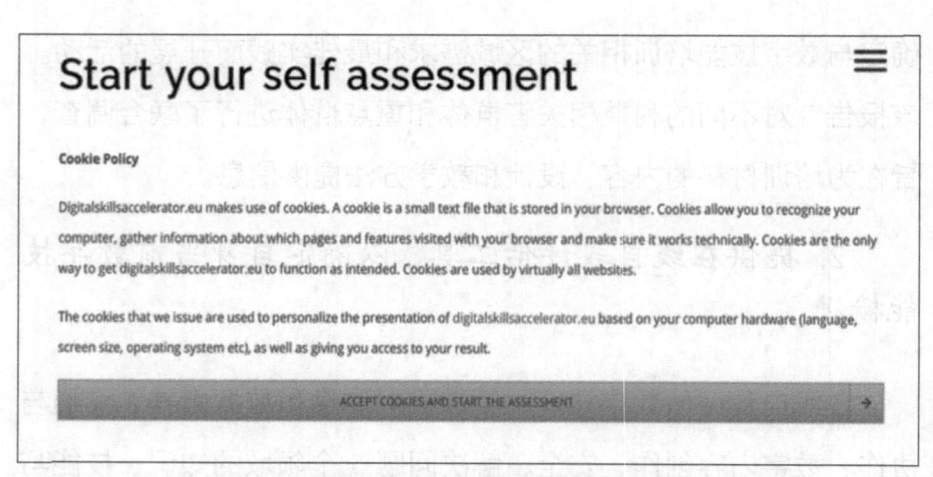

图3　在线自我评估工具"开始自我评估"界面

第 4 章　师生数字素养提升案例

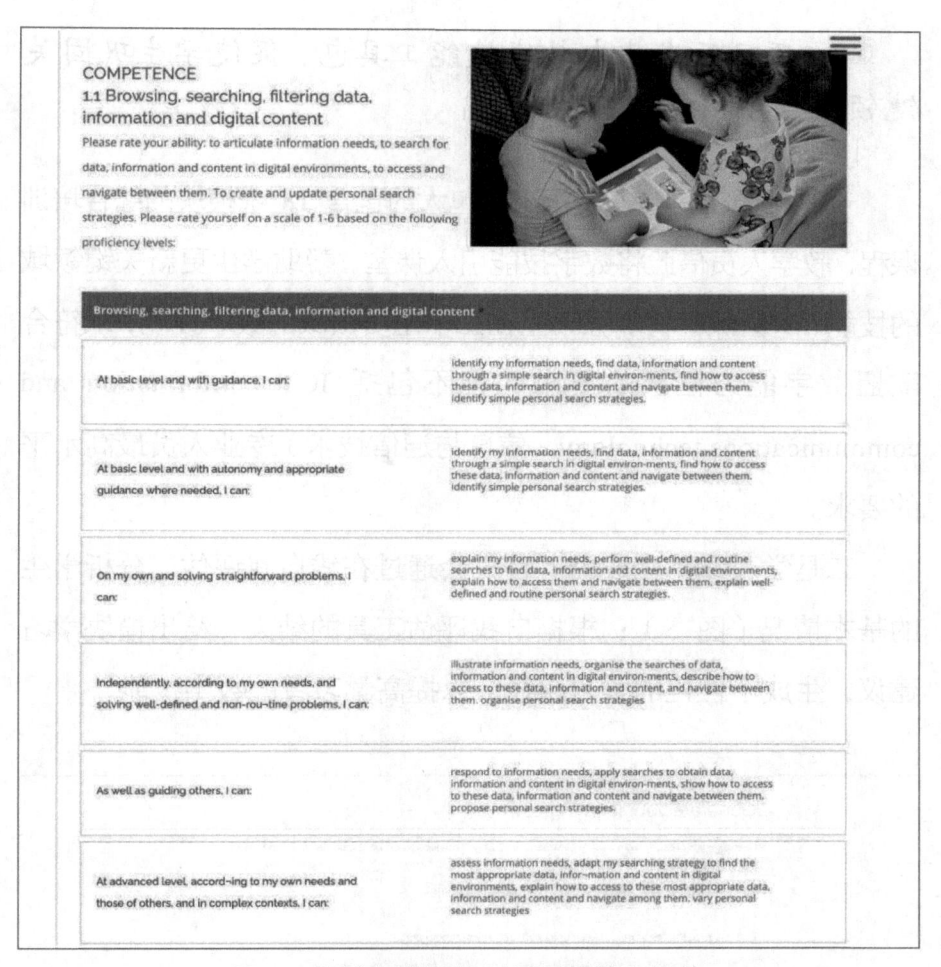

图 4　在线自我评估工具具体能力评估

自我评估后的几秒钟之内就会收到个人数字技能雷达图，图片概括描述了个人的优势和劣势，然后将结果与其他学生的结果进行比较，获取有关培训课程的相关模块建议，以最大限度地提升自己的数字技能。

3. 项目开发基本数字技能工具包，促使学生巩固关键领域数字技能

一是资源工具包。资源工具包大约包含18个模块的综合培训课程，教学人员借此将数字技能引入课堂，帮助学生更新关键领域的技能。这套课程将加强学生在三个主要领域的数字技能，以符合欧盟数字能力框架的要求，但不包括ICT（information and communications technology，信息与通信技术）专业人员最高水平的要求。

二是学习线路生成器。首先会通过在线自我评估，分析学生的基本情况（图5）；根据自我评估工具的结果，给出模块学习建议，生成个性化的学习路径，以提高学习者的数字技能。

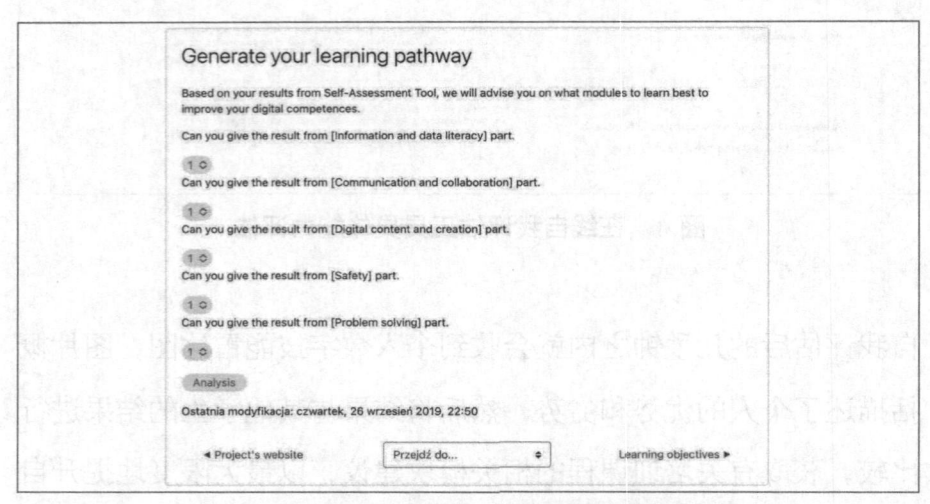

图5 学习路线生成器在线自我评估界面

三是数字技能课程。数字技能课程包括信息和数据素养、沟通与协作、安全、数字内容与创作、问题解决五章的课程内容（表 2），每一章内容结束时都会进行模块测试来检查本章所学知识，以对所学知识进行巩固加强。

表 2　数字技能课程内容

课程内容	主要内容	评估方式
信息和数据素养	媒体素养—网上偏见 信息素养与批判性思维	模块化测试
沟通与协作	表达和设计技巧 在线交流 网络礼仪 通过数字技术进行合作 自我形象、身份和社会关系 数字冲突检查 协同项目管理	模块化测试
安全	数据安全 数字足迹 隐私和安全 数字公民	模块化测试
数字内容与创作	智能数据分析 整合和数字内容创作 编程、编码基础	模块化测试
问题解决	寻找问题 学习风格 确定学习需求 学习验证 学习界面和学习进程的类型	模块化测试

四是数字技能教师包。数字技能教师包包括示范课程计划、数字能力评估工具、PBL 教学（problem-based learning，问题式教学）、多媒体辅助材料、相关补充资料及信息支撑来源。图 6 为数字技能教师包导航界面。示范课程计划文件通过向教师提供示范课程、有效和创新教学策略的实例，支持 DSA 项目课程的实施。该课程面向所有学科的学生。数字能力评估工具使教师和培训师能够根据课程中概述的关键学习目标评估学生的数字技能，课堂课程开始时能够评估学习者的基本技能，中期和最终也有评估工具，以上考虑的主要是 PBL 教学。其中介绍了什么是 PBL、PBL 的类型、相关案例、资源列表、教学策略和评估策略。

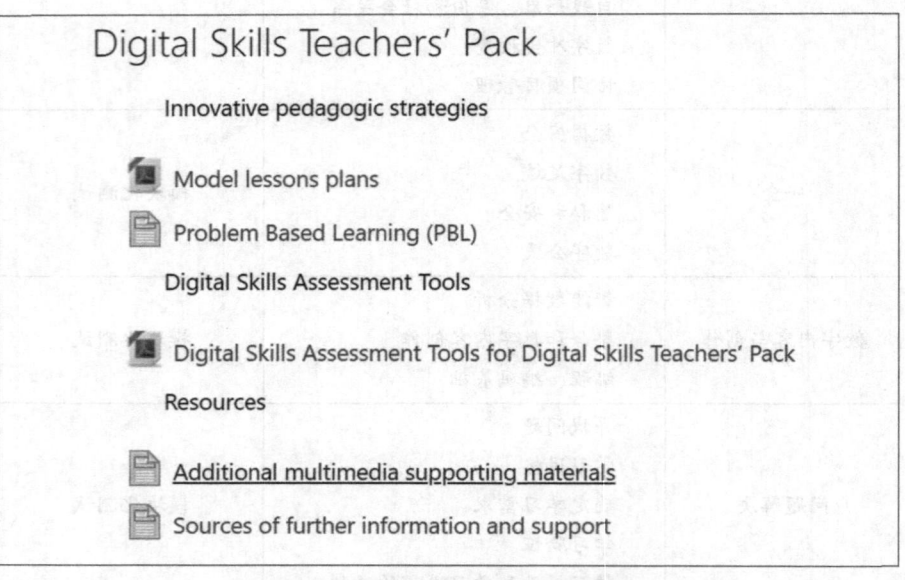

图 6　数字技能教师包导航界面

第 4 章　师生数字素养提升案例

应用案例：西波美拉尼亚技术大学的电子学习平台
（2017 年 10 月 1 日—2019 年 9 月 3 日）

西波美拉尼亚技术大学位于波兰的什切青，是由什切青农业大学和什切青理工大学合并成立的。该校开发了电子学习平台，登录界面如图 7 所示。该电子学习平台确定当前和未来高等教育学生应该优先考虑的数字技能，并创建了一个自主的多媒体学习系统，学生可以在线学习，以加强他们在特定领域的技能。

图 7　电子学习平台登录界面

电子学习平台中的存储库可以提供收集、存储和提供数字材料的数字服务。存储库以社区为单位进行划分，不同的社区包含不同年级不同学院的各种资料，使用者可以选择任何一个社区以浏览社区内收藏的文件和资料。

此外，电子学习平台联合伊拉斯谟计划为学习者提供相关项目，为相关学习者提供大学课程、学习线路生成器、数字技能课程和数字技能教师包等多种资源，以促进学习和教学的流动性。

（三）实施效果

随着DSA项目的影响拓展到地方和区域层面，其提供了一种可靠的手段，可以在国家和国际层面推进数字技能教育方法的系统变革。项目通过加强数字技能教学和数千名学生参与项目产出的能力，提高了学生的数字素养和能力。此外，项目也表明有许多新的、创新的方法可以提升年轻人的社会包容和公民参与，同时也有助于实现欧洲社会凝聚力的总体目标，在以下三方面取得了积极的成效。

一是该项目吸引了多方人员参与其中。50多家高等教育机构、职业教育与培训机构和更广泛的利益相关者参与《数字技能研究报告》；来自高等教育机构、职业教育与培训机构的36名教学人员和60名高等教育学生参加用户测试；12名以上学生或其

第4章 师生数字素养提升案例

他组织制作了案例研究视频；250名高等教育机构、职业教育与培训机构以及更广泛的利益相关者参与乘数活动（Multiplier Events）以传播项目产生的成果。[1]

二是该项目发布了《数字技能研究报告》。确定当前和未来学生群体应优先考虑的数字技能；创建了在线自我评估工具，使学生能够了解自己的数字技能概况并制订个性化的学习路径；开发了基本数字技能工具包，这是一套开放的模块化在线培训课程，可使学生提升他们在关键领域的技能；制作了一系列激励和招聘视频，作为招聘和学习过程的重要组成部分；在广泛传播之前严格测试和优化资源，以确保目标群体的使用。DSA项目产生知识、资源和社会资本，从而能够将数字技能和能力模型引入高等教育机构、职业教育与培训机构等，并通过这些机构传递给现在和未来的数字公民。

三是该项目直接解决了支持将信息通信技术有效融入高等教育生态系统的许多方面。它增强了内容、技能开发和交互共享等方面的数字技能，因为所有的输出都将作为交互式在线资源被学习者访问。4个地区的高等教育机构的教师获得知识和技能的增长，能够将数字技能整合到他们的课程中。这些教师的学生提升

---

[1] Erasmus+. 2017. EU programme for education, training, youth and sport. https://erasmus-plus.ec.europa.eu/projects/search/details/2017-1-PL01-KA203-038537.

数字能力和技能，以应用于其职业生涯。更广泛的利益相关者和政策制定者获得更多的认识和知识，将整合数字能力作为教育的一个新的重要方面，帮助项目合作伙伴深入了解数字能力，以支持其在教育中的行动。

四、案例特点与创新

（一）案例特点

一是在学生数字素养与技能培育进程中，欧盟主要以项目驱动形式提升学生群体的数字素养与技能。项目均建立了门户网站类平台，并在平台上明确了项目愿景或目标、参与主体或团队、系列培育活动与新闻、各种培育资源、资金来源、项目联系方式等项目信息，从而吸引各利益相关者主动参与，高效驱动各种数字素养与技能培育实践。

二是多方合作的根植学生群体数字素养与技能培训的进程。该项目覆盖五个国家，不仅涉及高等教育机构，比如西班牙的阿尔卡拉大学，还有更多的中小企业、研究团队、组织机构和培训机构参与进来。如英国的Canice咨询有限公司在数字化学习平台方面发展了独特的专长，为欧盟市场提供了广泛的现代化学习服务；波兰的电子学习平台是位于什切青的西波美拉尼亚技术大学

第4章 师生数字素养提升案例

的研究团队；比利时的欧洲大学协会是欧洲最大的大学终身学习多学科协会，代表高等教育终身学习社区和欧洲政策制定者的利益；爱尔兰的 Momentum 专注于发展进步的职业教育方案和平台，以使企业家、雇员和进入职场的年轻人尽可能充分地参与当代劳动力市场。这些主体的专长适合于面向学生群体开展数字素养与技能培育。

欧盟将多方合作写入战略规划，贯穿项目实践，构建数字技能和就业联盟，强调跨部门合作将教育带入数字时代的重要性，促使各种合作团体制定具体措施。

三是设立专门资金精准支持。欧盟 DSA 项目相关实践资金主要来源于伊拉斯谟计划，这些资金来源或明确支撑数字素养与技能，或其重视的领域同数字素养与技能存在高度交融，共同构成了在欧洲范围内提升全民数字素养与技能的顶层资金支撑架构，持续推进各种规模的数字素养与技能实践。伊拉斯谟计划旨在支持欧盟教育、培训、青年和体育项目，此目标与全民数字素养与技能培育深度融合，2017—2019 年持续为 DSA 项目提供 193 064.00 欧元的资金支持[①]，此资金明确支持数字教育行动计划、欧洲技能议程等有关数字素养与技能的事项和活动，全面覆盖提升欧洲全民数字素养与技能的相关项目。

---

① https://erasmus-plus.ec.europa.eu/projects/search/details/2017-1-PL01-KA203-038537.

（二）案例创新点

一是坚持以需求为导向。在数字素养与技能需求导向下，欧盟陆续在战略规划中明确了不同群体的数字素养与技能的培育目标。欧盟在公布的数字教育行动计划中明确提出，到2027年底，提高学生与其研究领域相关数字技能，丰富高等教育工作者数字教学技能。欧盟主要借助数字经济与社会指数描述不同群体的数字素养与技能需求，并基于欧洲公众实际的数字素养与技能需求开展相关实践，制定相关战略目标以引领具体实践。欧盟针对不同的利益相关者群体和重点群体进行了联合调查，基于调查结果为数字素养培训材料的设计、内容、实施提供信息，为教学方法的调整提供指导。

二是为学生提供自我测试工具，旨在推动学生借助自我测试环节，明确自身数字素养与技能的实际水平，了解缺陷与不足，从而通过参与相关数字素养与技能培育实践，或利用系列数字素养与技能教学资源，提升自身数字素养与技能水平。学生首先对各个子能力内的技能按照1到6的等级进行评分，进而自我评估他们五个领域的能力，其中1为弱，6为非常胜任。欧盟数字能力框架可从DSA项目网站在线获得英语、波兰语和西班牙语版本。

三是支持全方位自适应的学习课程和资源。基本数字技能工

第 4 章　师生数字素养提升案例

具中的学习线路生成器会根据自我评估的结果，给出模块学习建议，生成个性化的学习路径，个体通过对数字技能课程的相关学习和检测，提高数字能力；并配以与教学相关的数字技能教师包来支持教师的教和学生的学。

五、案例经验与启示

DSA 项目为全面提升欧洲地区学生数字素养和技能提供了成功的经验和优秀的案例，我国也应借鉴相关经验，并结合本国特色与优势，深入培育学生的数字素养和技能，助力推进国家教育数字化战略行动。

欧盟通过相关组织进行调查，发布相关报告，确定学生数字素养和数字技能的相关需求，并以项目为载体驱动学生数字素养与技能的培育与提升。此举不仅吸引了相关利益者的广泛参与，还整合了项目的有关资源和工具，为学生群体提供了便利。我国也可借鉴欧盟相关成功经验，围绕学生技能需求，开展实施多种项目。其一，调研并发布相关数字素养与技能报告。参考欧盟数字经济与社会指数系列实践经验，明确相关部门（如中国互联网络信息中心）角色与职能，不同部门或机构间深化合作与交流，定期调研不同层次不同类别学生群体数字素养与技能水平状况并发布相关报告，以便教育相关部门更好地了解与掌握学生在数字生活、数字学习、数字工作、数字创新四大场景的数字素养与技能需求。其二，基于发布的学生数字素养与技能报告，在相关国家战略规划中明确学生群体数字素养与技能培育的目标。其三，打破单一封闭的组织范式，倡导不同项目之间协同合作，提升学生面向不同地区、阶段、场景的数字素养与技能水平。其四，建立共建共享机制。整合与归纳各种项目内容，并面向学生与利益相关者开放，积极分享各种项目开展信息与成功经验，促进共建共享数字化发展成果。

欧盟依托面向学生群体的各类项目，整合了丰富的数字资源，并建立起了各种综合应用的平台（如西波美拉尼亚技术大学的电子学习平台），为学生群体提供资源获取、应用以及共享的渠道。我国也可借鉴欧盟数字技能与工作平台，搭建资源应用场景，打造综合教育平台。不断丰富与完善面向学生群体的数字资源，并基于中国实际情况，因地制宜，构建符合中国特色的数字素养与技能平台。后续也应逐步升级改造综合教育平台，对平台页面进行功能划分，增添资源归类、快捷检索、平台外链等功能，方便师生快速定位、获取所需资源。除此以外，还应考虑数字素养与技能平台面向特殊学生群体的友好性；加强各类优质资源的广泛遴选、归纳与共享工作，最大限度地集成各类优质数字素养与技能资源。

欧盟及其成员国积极倡导与构建各级数字技能和就业联盟，

第 4 章　师生数字素养提升案例

促使这些联盟持续动员欧洲的公司、非营利组织、教育提供者、社会合作伙伴以及成员国共同努力解决欧洲公众的数字技能缺乏问题，确保全民具备数字技能。除欧盟数字技能和就业联盟外，奥地利、比利时、保加利亚等多个国家与地区也构建了数字技能和就业联盟。欧盟各级数字技能和就业联盟汇集了通信技术公司、教育和培训提供商、教育和就业部门、公共和私营就业服务机构，以及相关协会、非营利组织、社会组织等多种合作伙伴，促使各种合作团体通过制定具体措施，将数字技能带到社会各个层面。建议我国也汇聚多方力量，积极推动相关部门、企业及利益相关者达成合作，构建数字技能和就业联盟，共同提升不同学生群体的数字素养。

案例 4.2　科克大学数字教育培训项目

案例名称	科克大学"数字之家"（Teach Digi）数字教育培训支持项目
实施地区	爱尔兰科克大学
实施时间	2020 年 6—8 月
主要实施者	科克大学数字教育中心
实施对象	科克大学教师
相关网址	https://www.ucc.ie/en/digital-ed/teach-digi/

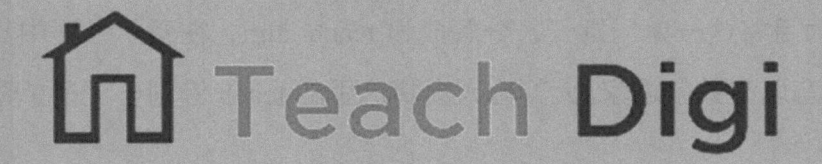

一、案例基本信息

科克大学数字教育中心的"数字之家"项目与爱尔兰大学协会的"加强数字教学"（Enhancing Digital Teaching & Learning，EDTL）项目联手提供系列的数字教育培训。在"学生是伙伴"项目支柱和"对话"项目分支的指导下，"数字之家"项目提供了一系列的播客，反映了工作人员和学生在疫情期间的生活和共同经历。

二、案例概述

在爱尔兰语中，对应英文 digital 一词的是 digiteach。"数字之家"项目将这一单词拆开，分解成为 teach digi，在爱尔兰语中其字面意思为数字之家。大部分人会将这里的 teach 等同于英语单词

teach，但其实这里的 teach 是爱尔兰语单词，意即"房子"。数字教育中心认为，这两种含义都有意义，并且符合该中心所做的工作，即支持科克大学教师的数字教育专业发展。

科克大学数字教育中心于 2020 年 6 月推出"数字之家"，这是一系列针对科克大学教师的响应式数字教育培训项目。在科克大学官网的数字教育中心模块中，可以了解与该项目有关的信息。

该项目的网页界面（图 1）呈现了项目简介以及不同学习模块的会议视频记录，网站允许浏览者观看这些视频。数字教育中心的愿景是使教师能够通过对技术的最佳实践应用来改善学生的学习。

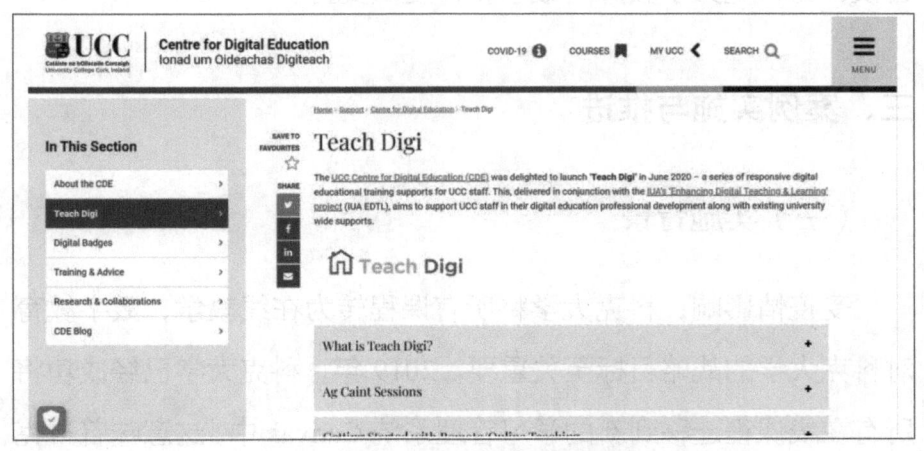

图 1 "数字之家"项目网页界面

"数字之家"项目多模块同时开展，培训课程、圆桌会议、跨部门合作与播客系列同时进行，以保证项目的覆盖范围及影响力。项目重视学生的意见，将学生的反馈作为其培训的框架。在入门系列中，重点介绍了科克大学远程、在线教学入门的资源、技巧和工具，通过该课程，教师能在一定程度上提升远程、在线教学的技能。在有效的远程教学研讨会系列中，项目主要使用"EDTL方法"作为其基础框架，为教师培训内容、设计和交付提供信息。"EDTL方法"概述了计划使用数字方法教授一个模块时应考虑的关键因素，包括考虑自己的学生、反思自己当前的教学方法、考虑内容和活动、采用灵活的方法、考虑交流和参与度、考虑评估和反馈。总之，该项目包含了一系列行之有效的课程培训、研讨会议，为科克大学教师的数字教育提供支持。

三、案例实施与推进

（一）实施背景

受疫情影响，科克大学将所有课程转为在线教学，数字教育对科克大学的战略目标至关重要。2019年，科克大学已经成功将所有在线课程迁移到新的学习管理系统Canvas中，这意味着科克大学完全有能力快速应对疫情给教学带来的问题。2020年5月，

第 4 章 师生数字素养提升案例

爱尔兰国家数字体验调查结果发现，机构需要"确保专门的时间和奖励，以支持教学人员从事与其角色的数字方面相关的正式和非正式专业发展"[①]。参考爱尔兰国家数字体验调查结果，为了维持在线服务的质量，科克大学加大对数字教育的投资，开展一系列数字培训项目。

"数字之家"项目为科克大学教师建立了系列专门的专业发展资源，同时也以有意义和迅速响应的方式解决疫情期间教师的数字教育需求。爱尔兰国家数字体验调查的结果以及科克大学师生非正式和正式的反馈，为项目的培训提供了依据。数字教育中心确保其培训与 EDTL 社区系列网络研讨会在主题方面具有协同作用，并将其纳入整个数字教育培训计划之中。这是互惠互利的一件事，因为科克大学工作人员可以从国家项目团队的专业知识中受益，并扩大爱尔兰大学协会 EDTL 社区基础。

"数字之家"项目的系列培训与爱尔兰大学协会"加强数字教学"项目相结合，支持科克大学教师数字技能的发展。"加强数字教学"的四大支柱之一是"学生作为合作伙伴"，因此，确保倾听学生的声音，并对其进行培训是至关重要的，直接将学生反馈的需求作为其培训框架是最好的方法。2020 年 10 月，科克大

---

① Irish National Digital Experience (INDEx) Survey: Findings from students and staff who teach in higher education. 2020-05-09. https://www.teachingandlearning.ie/wp-content/uploads/NF-2020-INDEx-Summary-of-Main-Report.pdf.

学学生会调查整理了学生的需求，为系列培训提供了必要的信息和支持，这些反馈被总结为"五大支柱"（图2）。该系列会议分为教师主导的会议和学生主导的会议，分别由项目负责人克利奥德娜·奥卡拉汉和学生助理实习生凯瑟琳·道森女士主持。

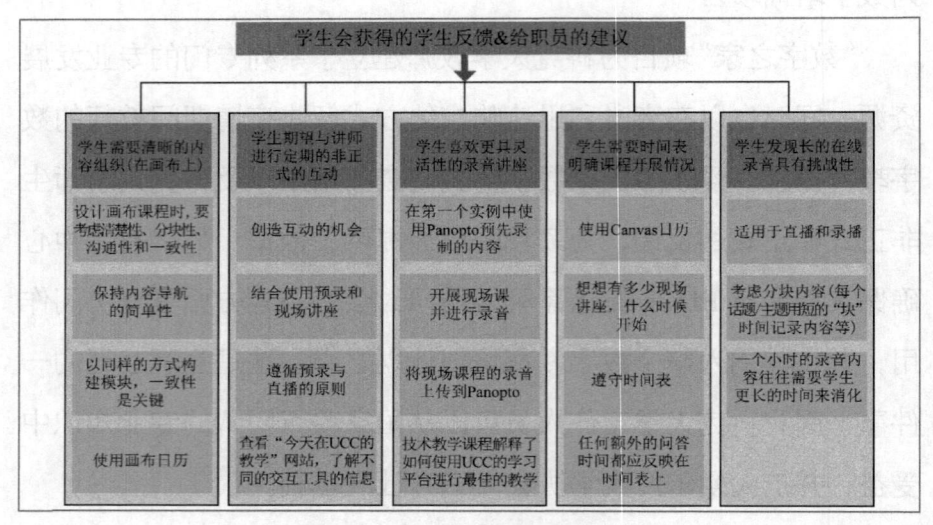

图2 五大支柱具体内容

（二）实施方案

1. 聊天会议

"Ag Caint"在爱尔兰语中意为"聊天"或"交谈"。"Ag Caint"是科克大学教师数字教育培训系列中的一个模块，该模块培训的形式包括与讲师进行简短聊天，以及与科克大学的学生或学习者就五大支柱中的每一个支柱进行单独的会议。这些都是非正式性质的，主要侧重于为教职员工提供一些实用建议，以帮助他们调整教学方式，将师生在线教学、学习中的实际经验总结为简单、易懂的操作建议。

2. 远程或在线教学入门

这一环节以网络研讨会的形式开展，帮助科克大学教师了解有关远程或在线教学入门的资源、技巧和工具。参会人员如果在会议过程中有疑问可以随时通过举手功能向演讲者提出问题，也可在会议结束后与之联系。会议首先指出，Canvas 平台是该学校教与学的主要场所，教师应该熟悉该平台的使用。数字教育中心为教师提供了"用技术教学"的课程，他们可以通过该课程获得丰富的资源，当遇到技术问题时也可以随时拨打热线寻求帮助。

3. 有效的远程教学研讨会

在这一环节中，主要使用 EDTL 方法作为其基础框架，为教师培训的内容、设计和交付提供信息。此培训主要以实时网络研讨的形式进行。该系列的开端是克利奥德娜·奥卡拉汉举行的一场网络研讨会，该网络研讨会特别关注 EDTL 方法及其形成方式。研讨会以不同的主题进行分类，重点是反思、创建活动、沟通和参与、评估和反馈、实验室主题考虑和学生主导的网络研讨会。网络研讨会全程由学生助理实习生凯瑟琳·道森女士主导，她谈到了爱尔兰大学协会 EDTL 学生实习生团队为学生设计的 EDTL 方法。

4. 准备在线教学

这一环节重点介绍了开展在线教学之初应该考虑的要素。此部分共包含 11 个模块，分别为考虑在线教学、发挥自身优势、编写教学大纲、吸引学生、学生友好型模块、寻找教材、可及性、在联机学习中使用讨论、小组工作、视频、播客。每个模块都包含了丰富的教学内容，比如考虑在线教学模块中，莎拉·泰伦博士主要介绍了四个方面的内容，即影响在线教学的常见思维模式和方法、对在线学习的流行认知中的一些错误的二分法、成功的在线教学例子以及在真正进行在线教学之前需要采取的下一步骤，这些内容可以帮助教师更好地掌握开展在线教学的技能。

5. 圆桌会议

所谓"圆桌会议"，是指一种平等、对话的协商会议形式。每次的圆桌会议可进行不同主题的探讨，目前共举行了三个不同主题的圆桌会议，分别为加强学生实时在线课程中的互动、微软团队以及包容性学习。每次会议中还包括一些小主题，围绕每个小主题进行研究探讨后，会留出时间让大家进行提问及讨论。这些会议都是非正式的，每个人都可以发表观点，集思广益，解决问题，以便"数字之家"项目更加顺利地开展。

（三）实施效果

对教师而言，"数字之家"项目可以帮助教师更加熟练地开展远程教学，提高了教师的数字化技能和教学实践能力。项目通过一些非正式的会议进行，具有一定的时效性，迅速有效地解决了教学过程中出现的问题。有些教师表明在远程教学的过程中，更加体会到了翻转课堂的有效性，学生可以根据自身情况选择学习的进度和方式。在支持教师使用数字技术时，项目负责人克利奥德娜·奥卡拉汉强调要保持"一致性"。例如，一致性需要有意识地进行组织，教师在虚拟学习平台上展示的内容需要提前计划，联系和咨询教授同一课程的同事，与之商讨后再组织平台上需要展示的内容，确保内容与标题、评估和沟通等保持一致。

对于学生而言，通过该项目的在线会议，学生给出了自己参加在线学习最直观的感受。例如，在"Ag Caint"模块中，一位最勤奋的科克大学大四学生表示她患有肠易激综合征，这意味着她无法准时上下课，但她不喜欢这样，因为她是一个非常认真的人。疫情期间的讲座录音学习法改变了生活，这意味着她不会再错过讲座的内容，她可以回听讲座，减少了疾病带来的困扰。

四、案例特点与创新

（一）倾听学生意见，提升教师助学能力

"数字之家"项目非常重视学生的反馈，并根据学生的反馈制定培训框架。科克大学学生会将学生反馈的意见整理成五大支柱，并与学生围绕每个支柱进行了讨论。而数字教育中心对于每一个支柱都给教师提出了相应的意见，以帮助教师和学生在远程教学中有更好的体验。数字教育中心认为，需要倾听学生在说什么以及倾听国内外同龄人的意见，确保为所有人提供增强和包容的教育体验。

（二）丰富培训类型，支持教师专业发展

教师培训是教师专业化发展不可或缺的重要手段。多样化的培训类型，能够满足不同教师对专业发展的需求。培训课程、圆桌会议、跨部门合作与播客系列等同时开展，既为老师提供技术培训，又为老师提供交流的机会，提出自己在教学过程中遇到的实际问题，并讨论出有效的解决方案。通过参与一系列的课程与研讨会，教师加强了自身远程教学技能，明确如何在远程教学中发挥自身优势、如何正确编写教学大纲、如何在线上教学过程中吸引学生注意力以及如何选取合适的教学资源等问题。在教学过程中，教师更加具有包容性思维，帮助学生在在

线课程和分组讨论中感到舒适和提高自信。

（三）注重交流反思，保障问题切实解决

"数字之家"项目注重参考学生的反馈意见，也重视教师参加培训后给予的反馈。项目负责人认为反思是影响教师能否有效进行远程教学的关键因素之一。他们认为，自项目实施以来，所有教师的数字技能都进步了，许多人可能没有意识到这种积极的发展，而是专注于他们还需要学习多少内容才能有效地进行远程教学或支持教学。因此，花时间反思过去一段时间自己学到的一切、取得的一切，对于有效地规划未来很重要。每一节课或每一次研讨会结束后，都会有提问环节，如果存在问题可以及时提出，也可以在其他时间通过邮件或其他形式与主持人联系。

五、案例经验与启示

科克大学"数字之家"项目，提高了教师的教学实践能力，夯实了教师的数字化技能，增强了学生的学习体验，为教师和学生的未来做好了准备。该项目培训类型丰富，通过一系列的数字技能培训课程、网络研讨会及播客等，帮助教师有效应对疫情期间在线教学过程中遇到的问题，全面提升在线教学的效率和效果。

在项目实施过程中，注重倾听学生意见，使得教师培训课程的设计更具针对性。

2022年7月，教育部副部长郑富芝指出，21世纪是数字化时代，提升数字化能力和科学素养非常重要，教育数字化，教师首先要有数字化能力。[①]教育数字化转型是教育信息化的特殊阶段，数字技术正深刻地影响我国教育教学的改革，教师的数字化能力是推动教育数字化的关键，因此我国应加大资源投入，更新教师观念，提升教师的数字技能。科克大学数字教育培训项目为我国提升教师数字化能力提供借鉴。首先，学生是教学过程的主体，在制订提升数字化教学能力的相关措施时，应充分倾听学生的反馈意见，为教师信息素养发展指明方向，切实提高教师的数字化教学能力。其次，教师要注重反思，明确自身已经掌握的能力以及仍然有待提升的方面，对自身未来发展方向有清晰的预判。最后，我国需要不断丰富教师数字技能培训项目的类型，并且各地、各学校能够根据本地、本校的具体情况，开发本土化、校本化的培训项目，提高教师对培训的参与度。

---

① "中小学教师数字化能力与科学素养提升计划"捐赠签约仪式在京举行. 2022-07-29. http://www.moe.gov.cn/jyb_zzjg/huodong/202207/t20220729_649709.html.

案例 4.3　英国计算机课程学习计划

案例名称	英国国家课程：计算机课程学习计划
案例范围	面向英国学生
实施时间	2013 年
主要实施者	英国教育部
相关网址	www.gov.uk/government/publications/national-curriculum-in-england-computing-programmes-of-study/national-curriculum-in-england-computing-programmes-of-study

Statutory guidance
National curriculum in England: computing programmes of study
Published 11 September 2013

一、案例基本信息

英国教育部 2013 年发布《英国国家课程：计算机课程学习计划》，全面修订了计算机课程，旨在帮助学生利用计算思维和创造力来理解和改变世界。该计划旨在培养学生的数字创新能力，提升学生的数字素养，以帮助学生应对信息化、数字化时代的机遇与挑战。

二、案例概述

英国早在 2012 年就将信息技术科目确定为学生的必修科目，2013 年颁布《英国国家课程：计算机课程学习计划》，全面修订了计算机课程，并且将计算机课程确定为学生的必修科目。该文件还为计算机课程设定了四大目标：一是能理解和应用计算机科学的基本原理和概念，包括抽象、逻辑、算法和数据表示；二是能用计算机术语分析问题，并有编写计算机程序解决问题的实践经验；三是能评估和应用信息技术，包括新型的或不熟悉的技术，可以理性地解决问题；四是成为负责任、有能力、有信心和有创意的信息通信技术、数字智能技术的使用者。

2018年，基于此前的课程计划，英国教育部意识到，学习专业数字技能（如编程、机器人技术）具有越来越重要的意义。同年9月，英国在义务教育阶段的第一年引入了编程课。这项课程改革源于对数字技能更广泛的考虑：鉴于软件和程序的不断发展，学生仅仅知道如何使用计算机已经不够了，必须了解其内部运作，必须为学生提供一个坚实的基础，使他们能够不断适应不断发展的工具。

编程课根据学生的年龄水平包括三个阶段。第一阶段（5—6岁）：学习算法的概念。创建和调试非常简单的程序，使用计算机来创建、组织、存储。第二阶段（7—11岁）：创建和调试有具体目标的更复杂的程序，熟悉变量和序列的概念，掌握程序中的变量选择和重复，发展逻辑思维。第三阶段（11—14岁）：使用至少两种编程语言来创建编写程序，学习布尔逻辑，使用二进制数字，学习计算机硬件和软件之间的联系。

这一课程改革项目还为教师提供了编程培训。该项目由教育部主导，并由英国计算机协会运作，旨在培养学生的计算思维、创新能力、数字能力等，从而提升学生的信息素养、数字素养，以此帮助学生应对信息化、数字化时代的多种机遇与挑战，充分发挥自身能力，抓住机会，实现自身价值。

三、案例实施与推进

（一）实施背景

2007 年 10 月，英国教育大臣吉姆·奈特宣布，英国政府将在 2008—2011 年共投资 219 亿英镑，用于学校校园及教育信息化建设，这项投资将使英国境内数千所学校得以重建或改造，其中 8.37 亿英镑将用于学校教育信息化领域的进一步发展与提升，从而使英国拥有世界级的先进教育体系。具体而言，教育信息化投资项目主要包括：下拨常规资金项目，用于公立学校的校园建设、翻修与维护，以及包括信息技术在内的各种大型设施设备的采购与更新；学校发展资助项目，用于支持学校各项教学促进活动（包括 ICT 维护、教学服务、数字化资源持续订购）等费用的支出，尤其关注学校教职员工 ICT 能力发展培训、学习平台建设方面的需要；利用技术资助项目，优先支持能适应特殊环境及需求的学校宽带的更新，确保学生在校内随时访问优质互联网资源；ICT 访问以及基于 ICT 的服务拓展；学习平台的正常运行，以帮助学生在安全的网络环境中存取自己的作业及相关学习资源,帮助教师更方便地共享资源和观察学生的发展情况。

在此基础上,英国教育部意识到,高质量的计算教育可帮助学生具备使用计算思维和创造力来理解和改变世界的能力。计算与数学、科学、设计和技术有着深刻的联系,并提供对自然和人工系统的洞察力。计算的核心是计算机科学,学生学习信息和计算的原理,理解数字系统是如何工作的,以及明确如何通过编程将这些知识加以利用。在这些知识和理解的基础上,学生们能够使用信息技术来创建程序、系统和一系列内容。计算课程还帮助学生进行数字扫盲,使其能够通过信息和通信技术来使用、表达自己和发展自己的想法,最终发展到具有适合未来工作场所需求的水平,并成为数字世界的积极参与者。

(二)实施方案

英国将计算机课程作为学生的必修科目,发布有关计算机课程改革等的文件,开发国家级课程,目的是确保所有学生具备前述四大目标中涉及的能力。为保障课程目标的高质量实现,英国教育部基于学生身心成长规律,将课程目标分解到 1—2 年级、3—6 年级、7—9 年级和 10—11 年级 4 个关键阶段,并详细界定了每个阶段学生需要了解、应用和理解的相关内容。

在第一阶段(1—2 年级)应教会学生:了解什么是算法,如何在数字设备上以程序的形式实现，以及程序是按照精确和明确的指令执行的；创建和调试简单的程序，使用逻辑推理来预测简单程序的行为；有目的地使用技术来创建、组织、存储、操作和检索数字内容；认识到信息技术在学校以外的常见用途，安全和有伦理地使用技术，保持个人信息的私密性；当他们对互联网或其他在线技术的内容或接触有疑虑时，知道如何寻求帮助和支持。

在第二阶段（3—6年级）应教会学生：设计、编写和调试能实现特定目标的程序，包括控制或模拟物理系统；能够通过分解问题来解决问题；在程序中使用顺序、选择和重复，使用变量和各种形式的输入和输出；会使用逻辑推理来解释一些简单算法的工作原理，并检测和纠正算法和程序中的错误；了解计算机网络，包括互联网如何提供多种服务，如万维网，以及它们为通信和协作提供的机会；能够有效地使用搜索技术，了解如何选择和排列结果，并在评估数字内容时具有鉴别力；能在各种数字设备上选择、使用和组合各种软件（包括互联网服务），设计和创建一系列程序、系统和内容，以实现既定目标，包括收集、分析、评估和展示数据和信息；能够安全、尊重和负责任地使用技术，识别可接受、不可接受的行为。

在第三阶段（7—9年级）应教会学生：设计、使用和评估为现实世界问题、物理系统的状态和行为建模的计算抽象概念；理解几个反映计算思维的关键算法（如用于排序和搜索的算法）；

使用逻辑推理来比较同一问题的替代算法的效用；能够使用两种或更多的编程语言，其中至少有一种是文本语言，以解决各种计算问题；适当使用数据结构（如列表、表格或数组）；能够设计和开发使用程序或函数的模块化程序；理解简单的布尔逻辑（如 AND、OR 和 NOT）及其在电路和编程中的一些应用；理解数字如何用二进制表示，并能对二进制数字进行简单的运算（如二进制加法、二进制和十进制之间的转换）；了解构成计算机系统的硬件和软件组件，以及它们如何相互通信和与其他系统通信；了解指令如何在计算机系统中存储和执行，各种类型的数据（包括文本、声音和图片）如何以二进制数字的形式进行数字表示和操作；开展创造性的项目，包括选择、使用和组合多个应用程序，最好是在一系列设备上，以实现具有挑战性的目标，包括收集和分析数据以及满足已知用户的需求；能够为特定的受众创造、修改和重新设计数字艺术品，并注意可信度、设计和可用性；了解一系列安全、尊重、负责任和有保障地使用技术的方法，包括保护在线身份和隐私；识别不适当的内容、接触和行为，并知道如何报告关切的问题。

在第四阶段（10—11 年级），所有的学生都必须：有机会学习信息技术和计算机科学的各个方面的知识，并有足够的深度，以使他们能够升入更高的学习层次或从事专业工作；应发展他们在计算机科学、数字媒体和信息技术方面的能力、创造力和知识；

应发展和应用他们的分析解决问题、设计和计算思维方面的技能；需要了解技术的变化如何影响安全，包括保护在线隐私和身份的新方法，以及如何报告一系列的问题。

（三）实施效果

从 2019 年的统计数据来看，所有参与计算机课程的学生共计 77 569 名，其中男生 60 759 人、女生 16 810 人。拿到 A$^+$ 至 G 等级（9-1 等级）的人数计 74 829 人，占 96%；拿到 A$^+$ 至 C 等级（9-4 等级）的人数计 48 560 人，占 63%；拿到 9-5 等级的人数计 37 898 人，占 49%。[①]

2022 年发布的统计数据主要是关于在英格兰国家资助学校就读的第四阶段结束时的 GCSE（普通中等教育证书）成绩。2021—2022 学年，在 4015 所国家资助的学校中有 587 681 名第四阶段结束时的学生。与往年不同的是，这次临时发布的数据包括学生的特征分类，如按弱势地位、免费学校膳食地位、特殊教育需求地位和种族划分。此前由于疫情的影响，2020 年和 2021 年取消了夏季考试系列，在这些考试中设立了替代程序来授予成绩（中心评估成绩称为 CAGs，教师评估成绩称为 TAGs）。2022 年

[①] Department for Education. National statistics. Key stage 4 performance. 2022-10-22. www.gov.uk/government/statistics/key-stage-4-performance-2022.

恢复了夏季考试系列，并作为过渡进行了调整。[①]

从最新的第四阶段数据的比较（图1）来看，2021—2022学年38.70%的学生参加了完整的英国文凭证书（EBacc）考试，与2020—2021学年的比例相同，但与2018—2019学年（40%）相比下降了1.3个百分点。2021—2022学年，49.60%的学生在英语、数学方面都取得了5级或以上的成绩，比2020—2021学年

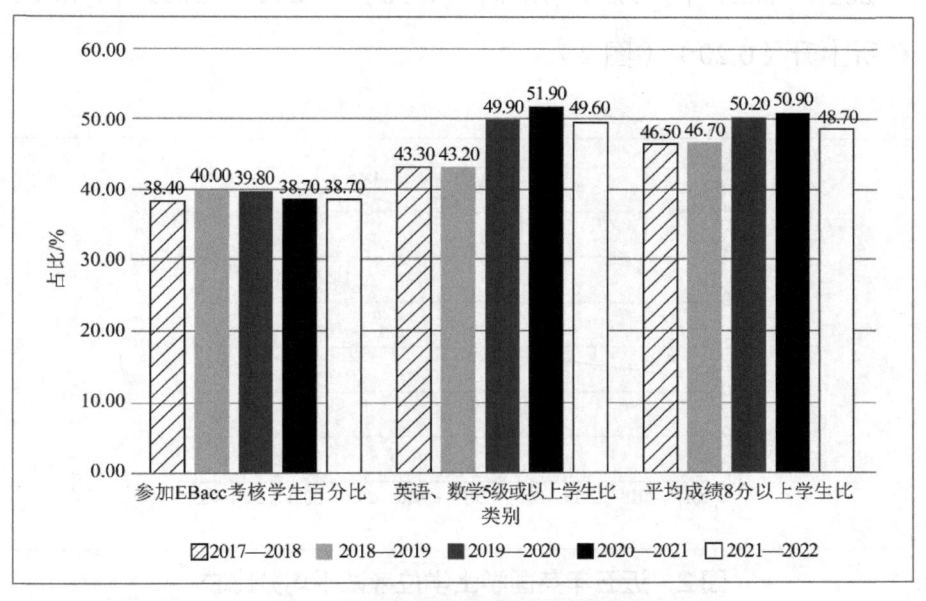

图1 近年来第四阶段数据比较

———————
[①] Guide to GCSE results for England, summer 2022. 2022-08-25. www.gov.uk/government/news/guide-to-gcse-results-for-england-summer-2022.

（51.90%）下降了2.3个百分点，比2018—2019学年（43.20%）提高了6.4个百分点。2021—2022学年，平均成绩8分以上学生比（48.70%）比2020—2021学年（50.90%）有所下降，比2018—2019学年（46.70%）有所上升。上述结果与基于2022年评分方法的估计大致是相符的。①

从2021—2022年的英国学士学位考试平均分（4.27）来看，比2020—2021年（4.45）有所下降（0.18），比2018—2019年（4.07）有所上升（0.20）（图2）。②

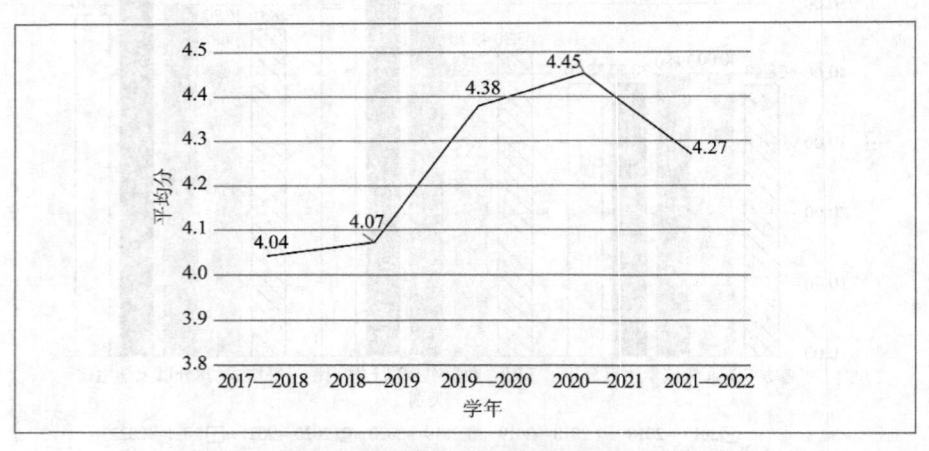

图2 近五年英国学士学位考试平均分比较

---

① Guide to GCSE results for England, summer 2022. 2022-08-25. www.gov.uk/government/news/guide-to-gcse-results-for-england-summer-2022.

② Academic Year 2021/22. Key stage 4 performance. 2022-10-20. explore-education-statistics.service.gov.uk/find-statistics/key-stage-4-performance-revised/2021-22.

与 2020—2021 年相比，2021—2022 学年第四阶段劣势差距指数有所扩大，从 3.79 扩大到 3.84，处于 2011—2012 年以来的最高水平。在疫情之前，当中心评估成绩被用于评价等级时，差距指数在 2016—2017 学年和 2018—2019 学年之间从 3.66 扩大到 3.70，然后在 2019—2020 学年回落到 3.66。[①]

四、案例特点与创新

第一是该计算机课程计划设定四大目标，包括理解应用计算机科学原理、评估应用计算机技术、运用计算机语言编写程序、成为合格的数字信息技术的使用者，阶段性地培养学生的计算思维、信息素养等多方面的品格与能力，以支持学生应对在数字信息时代可能遇到的机遇与挑战，促进其实现自身价值。

第二是英国教育部基于不同发展阶段的学生身心成长规律及教育规律，将课程目标分解到 4 个关键阶段，并详细界定了每个阶段学生需要了解、应用和理解的相关内容，包括熟练掌握编程技能、分辨信息隐私安全等多方面目标，培养学生抽象、逻辑、创新地解决问题等多方面思维能力，从而促进其自身的发展。

---

① Academic Year 2021/22. Key stage 4 performance. 2022-10-20. explore-education-statistics.service.gov.uk/find-statistics/key-stage-4-performance-revised/2021-22.

第三是英国教育部重视受教育者的编程、机器人等专业数字技能，学生不仅要知道如何使用计算机，更必须了解其内部运作，教育实施者须为学生提供必要的基础支撑，使他们能够即时调整，从而适应不断发展的工具，教育部根据学生的年龄水平将编程课程划分为 5—6 岁、7—11 岁、11—14 岁三个阶段，并确定各个阶段所需要达到的目标，包括熟练掌握运用算法、发展自身逻辑思维等多方面能力。

五、案例经验与启示

英国基于计算机、编程等专业数字能力的重要性，进行计算机课程改革，颁布相关文件，设定了计算机课程的四大目标，并依据学生的身心成长规律划分了四个关键阶段，确定每个阶段需要了解、理解、应用的内容；将编程课程纳入义务教育阶段，将其根据年龄水平划分为三个阶段，确定各阶段需要达到的目标水平。

我国于 2022 年 4 月，将信息科技课程正式从此前的综合实践活动课程中分离，将其作为独立科目纳入义务教育阶段，围绕信息意识、计算思维、数字化学习与创新、信息社会责任四方面核心素养开展。根据英国计算机课程实践，结合我国实际状况，在未来，我国需要继续完善顶层设计、统筹规划相关计算机和编程课程的政策，以支持相关课程的制作、实施、评估、反思等；继续改革教师培训体系，加速培养能够适应智能数字时代的创新型教师人才，加快建设智能数字技术、设备、资源支撑的教育环境；继续深入实践、优化教育规律等，更加科学地规划不同年龄阶段所需要达到的发展水平目标，提供各个阶段的示范性发展路径，引导教育实施者从基础教育阶段开展对学生的计算思维、数字思维的训练；依托智能技术、设备等进行教学设计，开展教学活动，培养学生的数字能力，提升数字素养，从而促进学生自身的发展，以应对智能数字时代的机遇与挑战，实现学生的自我价值。